《中国榜样:永远的雷锋》大型丛书
编委会主任　冷　宽　王保安

追寻雷锋的足迹:当代雷锋郭明义

陈立波

中国财政经济出版社

图书在版编目（CIP）数据

追寻雷锋的足迹：当代雷锋郭明义/陈立波编．—北京：中国财政经济出版社，2013.2

（《中国榜样：永远的雷锋》大型丛书）

ISBN 978-7-5095-4300-9

Ⅰ.①追… Ⅱ.①陈… Ⅲ.①郭明义—先进事迹 Ⅳ.①D263

中国版本图书馆 CIP 数据核字（2013）第 031643 号

责任编辑：卢关平等　　　　责任印制：张　健
封面设计：逸品文化　　　　版式设计：逸品文化

中国财政经济出版社 出版

URL：http：//www.cfeph.cn

E-mail：cfeph@cfeph.cn

（版权所有　翻印必究）

社址：北京市海淀区阜成路甲 28 号　邮政编码：100142
营销中心电话：88190406　北京财经书店电话：64033436　84041336
北京富生印刷厂印刷　各地新华书店经销
710×1000 毫米　16 开　14 印张　187 千字
2013 年 3 月第 1 版　2013 年 3 月北京第 1 次印刷
印数：1—5 000　定价：27.80 元
ISBN 978-7-5095-4300-9/D·0226
（图书出现印装问题，本社负责调换）
本社质量投诉电话：010-88190744

《中国榜样：永远的雷锋》
大型丛书编委会

总 顾 问：	迟浩田　王丙乾　顾秀莲
编委会主任：	冷　宽　王保安
编委会副主任：	高运甲　田永清　陶　克　陈江旗　缪　力
	廖路明　刘德扬　韩龙彬　刘国强
主　　　编：	高学敏　贾　杰
执 行 主 编：	李天文　宋焕斌　张立宪
编委会委员：	（按姓氏笔画排序）

马国臣　王立娟　王保安　王彦浩　冯　健
卢关平　田永清　田鹏颖　刘五书　刘　水
刘国强　刘　岩　刘高平　刘德扬　华东方
孙隆新　邢德铭　冷　宽　吴星杰　宋焕斌
张立宪　张仲国　张怡然　李天文　李建森
李新仓　杨东星　汪　慧　陆宗祥　陈立波
陈江旗　陈晓光　周桂元　房广顺　林治滨
钟永圣　贾　杰　陶　克　高运甲　高学敏
傅　波　彭　涛　董兴喜　韩龙彬　雷冬海
廖路明　缪　力　翟元斌　潘　飞　薛盛伟
戴艳军　鞠凤琴

总　序

　　一个人无法选择自己所处的时代，但可以选择自己的人生道路。人所从事的职业可能要双向选择，而人生的态度完全由自己决定。雷锋，一个年轻的士兵，影响了几代人的成长，成为全国人民学习的榜样。50年来，学雷锋活动经久不息，这足以证明雷锋精神具有多么强大的渗透力和感染力。现在，几乎整个民族都在呼唤雷锋。面对社会上不尽如人意的现象，就是不情愿学习的人，也希望别人都学习雷锋了。更有人说，雷锋精神具有普世价值，是中华民族精神的集中代表，雷锋可做中国人的形象代言人。

　　在经过50年的学雷锋活动后，问起有关雷锋的事迹、雷锋精神的实质，仍有许多人不甚了了。这就促使雷锋的战友们、雷锋的传人们、长期坚持研究雷锋的学者们感叹不已。感叹之余，有了一个共识——组织起来，为全国的学雷锋活动做一点事情：一是还原雷锋，把一个真实可信的雷锋的光辉形象奉献给人们，使更多的人知道一个简单的道理：雷锋的一生是平凡的，谁都可以学习雷锋；雷锋精神是伟大的，谁都需要努力，才能把雷锋精神学到手。二是集50年研究成果，把理论层面上对雷锋新的认知告诉人们，使人们从中悟出道理，鼓励人们都来做社会进步的"正能量"。三是针对不同人群，编委会成员多次讨论，力求选准书名和写作内容，就这样，汇集50年的思索和探讨的成果，经过近一年的归纳和整理，就有了这样一套学雷锋的系列读物献给广大读者。这既是献给毛泽东等老一辈革命家为雷锋题词50周年的一份厚礼，更是为贯彻落实党的十八大精神，推动学雷锋活动常态化作出的一份贡献。

这套丛书有以下特点：一是具有权威性。雷锋身边的战友、培养雷锋的领导干部、看着雷锋成长的亲朋好友直接参与写雷锋，是用第一手材料叙述雷锋，其中还纠正了社会上对雷锋不恰当的传闻，还原了雷锋的真实性，维护了雷锋精神的纯洁性。二是具有完整性。有人说，这是一套既用多种形式全面地介绍雷锋事迹、系统地多专题研究雷锋精神的书籍，又是注重研究雷锋精神的时代价值，对当前学雷锋活动常态化提出了建设性意见的读物。三是具有针对性。该大型丛书分别对领导干部、企业家和职工、大学生、部队士兵等不同职业的人群如何结合本职工作学雷锋提出了参考意见，其中不乏独到之处。这些意见和看法在作者所作的多场报告中已与听众形成共识。这是一套值得收藏和系统研读的作品。对不同的读者来说，也是一套可各取所需的读物。

特别应该提到的是，2013年1月12日，中国社会福利基金会学雷锋基金管委会、辽宁省雷锋研究会、中国财政经济出版社在2013北京图书订货会上为本套丛书联合举行的推介会上，雷锋亲密战友乔安山，全国"五一"劳动奖章获得者、全国劳模李素丽，"京城活雷锋"孙茂芳，"雷锋班"现任（第二十五任）班长毕万昌等应邀亲临会场，发表了热情洋溢的讲话。"当代雷锋"郭明义虽未到会，但通过现场连线对出版本套丛书给予了很高的评价。学雷锋基金管委会名誉主任、雷锋生前战友、海军原副政委冷宽中将，学雷锋基金管委会名誉副主任、总参原兵种部政委田永清少将，分别就自己对"雷锋精神"的认识以及对本套丛书的期待作了精彩的发言。媒体及有关领导赞赏出版单位的社会责任感，高度评价图书出版活动传递的"正能量"。

学习雷锋，在于学实质——全心全意为人民服务；学习雷锋，在于行动——一言一行都为别人更幸福；学习雷锋，在于持久——一生一世讲奉献；学习雷锋，要有表率——领导干部应走在前列。

愿这套丛书助大家在追求成功的路上走得更远、更坚实。

衷心感谢在组织编写本套丛书及其开展的相关活动过程中给予我们大力支持和帮助的所有同志。

《中国榜样：永远的雷锋》编委会
2013年2月

目 录

上 篇
郭明义事迹概说

爱岗敬业　助人为乐　无私奉献的当代雷锋
——郭明义同志先进事迹　聂振勇 /3
一、郭明义的闪光足迹 /3
二、爱岗敬业、创先争优的时代先锋 /5
三、助人为乐、无私奉献的道德楷模 /8

**不断推进学习郭明义活动　为鞍钢集团做强做优提供
强大精神力量**　张晓刚 /17
一、深刻领会胡锦涛总书记重要指示精神的重大意义 /17
二、把深化向郭明义同志学习活动作为重大责任和使命 /19
三、郭明义精神成为推进企业两个文明建设的强大动力 /22
四、深入持久地推动学习郭明义活动向纵深发展 /24

鞍钢：典型引路的特色文化　龙　强 /29
一、英模辈出是鞍钢的光荣传统与肩负的重大使命相互
　　激荡形成的高度文化自觉 /29

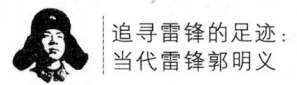

二、打造英模辈出、典型引路的企业文化，是鞍钢履行央企
重大使命、建设先进文化的必然选择 /33

三、落实措施，讲求方法，常抓不懈，使鞍钢着力打造英模
辈出、典型引路的企业文化建设工作不断得到深化 /36

四、打造英模辈出、典型引路的企业文化，为鞍钢集团
做强做优提供了强大的精神力量 /44

为构建和谐社会提供强大精神力量
——从挖掘"当代雷锋"郭明义事迹反思主流媒体的
报道职责　马　义　/49

我们的时代究竟需要什么样的精神　艾四林　/53

下　篇
郭明义精神研究

郭明义的成长道路和时代精神　陈立波　/61
一、郭明义的成长道路 /62
二、郭明义的时代精神 /64
三、郭明义成为"当代雷锋"的启示 /65
四、破解社会认知郭明义和郭明义时代精神的误区 /68
五、郭明义时代精神的启示 /70

"当代雷锋"　人格楷模
——试论"当代雷锋"郭明义崇高的理想人格特质　白石亮　/73
一、"当代雷锋"郭明义坚守当代中国的人格高地 /73
二、"当代雷锋"郭明义崇高的理想人格特质 /76
三、崇高的理想人格楷模：从雷锋、刘英俊到郭明义 /85

郭明义是新时期学习践行雷锋精神的优秀代表　张启元　/89
　　一、郭明义是新时期学习实践雷锋精神的优秀代表，体现在他长期坚持爱岗敬业、无私奉献　/90
　　二、郭明义是新时期学习实践雷锋精神的优秀代表，体现在他长期坚持服务人民、助人为乐　/91
　　三、郭明义是新时期学习实践雷锋精神的优秀代表，体现在他长期坚持化解矛盾、促进和谐　/93

学习郭明义精神与弘扬中华传统美德　郭春鹰　/95
　　一、郭明义精神展现了中华民族传统美德　/95
　　二、郭明义身上折射出的传统文化光辉，对我们继承发扬中华民族优秀传统美德的启示　/99

推进学习雷锋和郭明义活动的常态化　吴　琼　/103
　　一、坚持教育引领，不断激发积极学的动力　/103
　　二、积极更新观念，切实找准深入学的路径　/104
　　三、改进方法手段，不断增强长期学的吸引力　/105
　　四、健全制度机制，努力为持久学提供保证　/106
　　五、大力营造氛围，切实形成主动学的环境　/107

时代呼唤郭明义精神　李刚英　/109
　　一、精神是民族之魂　/109
　　二、时代需要郭明义精神　/111
　　三、雷锋、郭明义精神永不过时　/113
　　四、怎样弘扬郭明义精神　/117

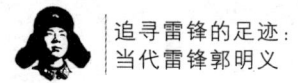

人才队伍建设与以德为先
——学习郭明义精神的深层次思考　姬养洲　/123
一、深刻认识学习郭明义精神对我国人才队伍建设的
　　重大现实意义和深远影响　/123
二、系统把握学习郭明义精神指导新时期我国人才队伍
　　建设的时代内涵和实践要求　/125
三、把郭明义精神贯彻落实到我国人才队伍建设的各个
　　方面　/127

郭明义的人生价值观及其启示　刘宁宁　/133
一、郭明义的人生观、价值观　/133
二、郭明义人生价值观的评价　/137
三、郭明义人生价值观的启示　/140

论"当代雷锋"
——郭明义精神　田鹏颖　/145
一、郭明义精神——中国特色社会主义的精神雕塑　/145
二、郭明义精神——西方"经济人"假说的时代超越　/148
三、郭明义精神——社会主义核心价值观的生活展现　/149

论雷锋精神的历史传承与时代升华
——从雷锋到郭明义的思考　张仲国　/153
一、从雷锋到郭明义，展示了中华民族的优秀品质，
　　反映出雷锋精神的民族性　/153
二、从雷锋到郭明义，体现了主流道德的价值取向，
　　反映出雷锋精神的广泛性　/156
三、从雷锋到郭明义，诠释了和谐社会的精神力量，
　　反映出雷锋精神的时代性　/159

社会主义核心价值观建设与郭明义精神 马　骥 /167
　　一、社会主义核心价值观与郭明义精神 /167
　　二、当前社会主义核心价值观建设存在的问题 /172
　　三、用郭明义精神推动社会主义核心价值观建设 /175

郭明义幸福观的哲学意蕴及其现实价值 包春平 /179
　　一、郭明义幸福观的基本内涵 /179
　　二、郭明义幸福观的哲学意蕴 /181
　　三、郭明义幸福观的现代价值 /183
　　四、郭明义幸福观的启示 /186

领导干部要带头学习雷锋和郭明义 徐　毅 /189
　　一、领导干部更要带头学习雷锋和郭明义 /189
　　二、学习雷锋、郭明义活动中亟待解决的问题 /191
　　三、加强干部学习郭明义势在必行 /193

共产党员要践行郭明义的奉献精神 杨建浩　相聪姗　贾云贺 /199
　　一、郭明义奉献精神人人仰慕 /199
　　二、建设美丽中国，共产党员必须践行郭明义奉献精神 /200
　　三、部分共产党员奉献意识淡薄的原因分析 /202
　　四、共产党员践行郭明义精神的途径分析 /204

上 篇

郭明义事迹概说

爱岗敬业 助人为乐
无私奉献的当代雷锋
——郭明义同志先进事迹

聂振勇

一、郭明义的闪光足迹

郭明义同志 1958 年 12 月出生于辽宁省鞍山市，父母都在鞍钢矿业公司齐大山铁矿工作。他 1977 年从鞍钢参军入伍，到沈阳军区驻黑龙江某部当了一名汽车兵。由于在部队期间思想过硬、表现突出，于 1980 年 6 月光荣入党，还是全师汽车驾驶员大比武理论考核和实际操作的"双料冠军"。1981 年 3 月，被所在师党委命名为全师"学雷锋标兵"。1982 年复员到鞍钢矿业公司齐大山铁矿工作。

入党 30 多年来，他牢记宗旨，永葆本色，时时处处发挥了一名共产党员的先锋模范作用。仅在鞍钢，他就先后 20 多次被各级党组织评为"优秀共产党员"；他敬业奉献，勇挑重担，在平凡的岗位上，创造了难以估量的物质财富；他以雷锋为榜样，把扶危救困、助人为乐当成毕生天职，捐款 20 多万元，资助了 300 多名贫困生，给 500 多个困难家庭送去温暖和希望；而自己却甘于清贫，过着简单朴素的生活；他无偿献血、捐献血小板折合的总量达到 6 万多毫升，相当自己身上血量的 10 倍；他发起成立的爱心团队，已经有来自全国各地 600 多个分队、100 多万名志愿者积极参与，高高扬起爱心的旗帜，彰显了无声无疆的大爱，为践行社会主义核心价值，为构建和谐社会做出了积极的贡献。从 2001 年郭明义被评为鞍钢精神文明标兵到现在，他先后荣获了鞍钢劳动模范、鞍山市特等劳动模范、辽宁省希望工程突出贡献奖、全国无偿献血奉献奖金奖、全国红十字志愿者之星、中央企业优秀共产党员、全国五一劳动奖章、全国道德模范、全国优秀共产党员等荣誉称号。2012年5月，郭明义在辽宁省党代表会议上，光荣当选为党的十八大代表。2012年11月14日，郭明义当选为中国共产党第十八届中央委员会候补委员。

　　2010年8月，胡锦涛总书记就学习宣传郭明义同志的先进事迹做出重要批示，他指出：郭明义同志是助人为乐的道德模范，是新时期学习实践雷锋精神的优秀代表。要大力宣传和弘扬郭明义同志的先进事迹和崇高品德，为构建社会主义和谐社会提供强大精神力量。李长春、王兆国、刘云山、李源潮、徐才厚、郭伯雄等中央领导同志，也先后做出批示。2010年9月至今，郭明义事迹在媒体上被广泛报道。2010年10月11日，郭明义先进事迹中央报告团在人民大会堂作了首场报告会后，立即在全国10个省、市、自治区作巡回报告，在人民群众中引起了强烈反响。2011年初，郭明义又当选了2010年度"感动中国"获奖人物。2011年4月10日，电影《郭明义》在鞍山拍摄结束，当年7月初在全国公映，并获得第14届中国电影华表奖最佳故事片奖；话剧《郭明义》于2011年5月在沈阳首演，之后在全国10多个省、市、自治区进行了巡演，并于2011年9月走进了中南海礼堂，胡锦涛总书记亲自观看了该剧、亲切接见了剧组的主创人员，并再次就学习郭明义同志的先进事迹发表了重要讲话。

　　2011年3月25日，郭明义在新浪网上开设了微博，至今不到两年的时间，关注他的粉丝已经超过1600万人，排名进入前50位，超过了奥巴马、姚晨、易建联等风云人物和明星大腕。就其增长速度而言，是新开博主中增长最快的。2011年8月到9月，郭明义精神进机关、进校园、进企业、进军营、进社区活动，在武汉中铁大桥局、北京大学等广泛开展，再次掀起了向郭明义同志学习活动的热潮。2011年9月，他当选第三届全国道德模范，并参加了中央文明办组织的全国道德模范首都高校巡回宣讲活动。2012年3月2日，中央文明委授予郭明义同志"当代雷锋"荣誉称号。刘延东同志宣读了中央文明委的决定，李长春同志向他颁发了证书。他爱岗敬业、助人为乐、无私奉献的崇高品德和感人事迹，正在神州大地上广为传诵。

二、爱岗敬业、创先争优的时代先锋

在鞍钢矿业公司齐大山铁矿工作的30年里，郭明义先后在七个不同的岗位上工作。可他无论做什么都兢兢业业、任劳任怨，干一行、爱一行、钻一行、精一行，把工作当事业，把职责当使命，创造了一流的业绩。

做齐大山铁矿汽运车间大型矿用生产汽车司机时，他创造了全矿单车年产的新纪录；任车间团支部书记时，他所在的支部是鞍钢的标杆团支部；当宣传干事时，他撰写的党课教案在矿业公司的评比中荣获一等奖；在车间任统计员时，他参加了统计员资格全国统考，是矿业公司第一个获得资质证书的人；做专职英文翻译时，他凭借出色的翻译能力和人格魅力，赢得了外方专家的赞扬和敬佩；自1996年至今，在采场公路管理员这个平凡而又艰苦的岗位上，他更是爱岗敬业、超常奉献的楷模！

郭明义所在齐大山铁矿是中国规模最大、现代化水平最高的大型铁矿山，也是亚洲最大的露天铁矿。采场每天产值700多万元，每年生产矿石岩石5000多万吨。

长达40多公里的采场公路，是设备进出和铁矿石运输的生命线，一旦阻塞或断裂，就会造成严重的经济损失。

不到采场去，我们很难想象矿山公路的样子。矿石采到哪，路就修到哪，每天都在移动。运输矿石的电动轮汽车，整车高度7米多，自重100多吨，载重200多吨，近300吨的重量不停地碾压着路面，对采场公路的标准要求极高。

作为机关干部，郭明义不必每天到采场，可他却把自己的办公地点移到了露天采场，每天和矿修路车间的100多名修路工人摸爬滚打在一起，在露天工作10个小时以上。夏天常被晒得中暑，冬天常被冻伤耳朵和手脚。而天气越是不好时，修路任务就越重。

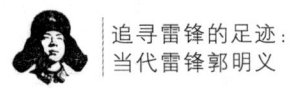

为准确了解路况，他谢绝了矿里给配的巡检车，坚持每天徒步巡检道路，天长日久，这40公里采场公路的每一道弯、每一个坎，都牢牢地刻在他的心里了。

修路作业白班每天8点开工，可他却每天清晨4点多起床，5点多就到岗，一边组织夜班工友抢修，一边制订白班作业计划。这样，白班的职工一到岗就可以马上施工，给生产赢得宝贵的时间和空间。

16年来，无论是漫天飞雪，无论是大雨滂沱，在环境异常艰苦的环境里，他天天如此。有人做了统计：在段高落差200多米的作业平台之间，他每天步行至少在10公里以上，16年里走了6万公里；每天提前两个小时到岗，双休日、节假日从不休息，16年来多干了5年的工作量。说实话，仅凭每天提前两个小时到岗并坚持16年，工友们没有一个不佩服的。

2007年元宵节，鞍山地区遭遇了一场50年未遇的特大暴风雪，采场内的积雪没过了膝盖，最深处近1.3米。现场所有生产车辆都寸步难行，被迫完全停产。那天，凌晨两点郭明义就从家里出发，平时50分钟的路那天他跌跌撞撞地走了3个多小时，是全矿第一个从外部进入到采场的。从早上5点多开始组织现场职工除雪，一直奋战到晚上6点多，主要道路恢复生产后才下山。他回到办公室，想要换双鞋时才发现，脚和靴子冻在一起，怎么也脱不下来。

当时，楼里只有门卫张师傅在。看着那双几乎冻僵的脚，张师傅赶忙跑到室外，撮回一大盆雪，把郭明义的脚紧紧地抱在怀里，一边用力地拿雪搓，一边心疼地说："老郭呀，你都50岁的人了。下回，可别这么拼命了。"郭明义感动地说："兄弟，谢谢你了。可我是管采场公路的，这路要是不通，就是脚冻坏了，我也不能下山啊。"

2008年8月，郭明义一大早紧急赶到血站献血，之后，又迅速到现场抢修到中午，长时间在高温酷暑下奋战，让这个硬汉子中暑晕倒在地。现场里最近的水源点有4公里远。工友们情急之下，用5米多高的现场公路洒水车，朝他连喷三次，才把他喷醒。大家劝他下山休息，他坚决不肯，说："这条路晚班生产就要用，不能耽误啊。"说完，又跟跟跄跄地往现场走。见此情景，工友们没有一个下山的，没有一个吃午饭的，他们眼含热泪和他一起在烈日下苦干，直到竣工为止。

在郭明义的心里，永远想着企业、想着工作，他就是这样一个铁骨铮铮、完全忘我的人。

在郭明义看来，央企职工肩负着壮大国有经济、参与全球竞争的使命，工作上要拼争奉献、冲锋在前，学习上更要攻坚克难、创新发展。

自1982年参加工作后，他就坚持上夜校，白天在采场挥汗如雨，晚上回家挑灯夜读，如饥似渴地学习，相继取得大专、本科的文凭，并于1984年高分通过了全国统一录用干部考试；1992年，在与矿里许多本科生一起参加的英语强化班学习时，他是班里年纪最大、基础最差却是学得最刻苦的也是进步最快的学员。为了啃下这块硬骨头，他一个单词、一个单词地对照着资料和说明书去背，回到家后还要加学2个小时，终于在最短的时间内，具备了书面和口语翻译能力。

1993年，国家"七五"重点建设项目——齐大山铁矿扩建工程开工，进口了价值近4亿元的33台超大型电动轮生产汽车，现场组装的外方人员急需英文翻译。在人们惊奇的目光中，郭明义这个自学成才的"土包子"，当上洋专家的翻译，而且，凭着熟悉汽车机械结构的独特优势，和每天最早到最晚走的敬业精神，成为外方人员最信赖的合作伙伴。

合作归合作，在原则问题上，他比谁都较真儿。虽然进口备件的质量检验不归他管，但他每次都认真检查，先后发现了5台汽车有严重质量问题，就用相机拍下来并写出中英文说明，为企业赢得了10万美元的赔偿。

担任翻译的三年多时间，外方人员为感谢郭明义超常规的付出，多次给他小费。对于当时月工资200多元的郭明义来说，这可是可观的收入，但每次他都婉言谢绝了。

外方公司对他很赞赏，几次劝他跳槽，并承诺给他的底薪至少比鞍钢高七倍，奖金分红另算。郭明义不为所动。他说："我上夜校、学习进修，都是矿里出的钱。人得讲良心，不能光为了钱活着。我对自己的

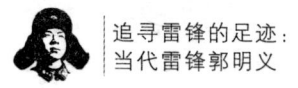

企业有感情，对企业的发展有信心！"

经过16年的不懈努力，郭明义在采场公路建设、维护上研制的新工艺、新技术和新流程，填补了矿业公司的多项空白，使采场公路质量逐年提高，直接创效4000多万元。

作为公路管理员，郭明义有调动采场所有大型工程机具的权力。一些在采场承包工程的个体老板想让他提供方便，免费使用矿上机械，想方设法请他吃饭给他送礼，他一律回绝。他说："要是拿他们一分钱，吃他们一顿饭，我的头就再也抬不起来了，我的腰杆就再也挺不直了！"

近年来，由于铁矿石和能源物资的价格不断上涨，一些不法分子将眼睛盯上了矿山。郭明义却像铁山守护神一样，让他们望而生畏。2007年7月的一天，早晨五点多钟，当郭明义巡查道路快走到采场沟底时，突然发现两个不法分子正在偷盗柴油，他冲上去拦住了他们，两人见状想开车逃跑。郭明义大声喝到："要跑，除非从我的身上轧过去。"两人一看真是遇到了不怕死的人，丢下车辆和柴油慌忙逃跑。

是啊，作为中国产业工人中走出来的楷模，郭明义靠的就是真才实学、埋头苦干，靠的就是忠诚如山、勇于奉献。郭明义这样的先进，企业需要，工人服气！

三、助人为乐、无私奉献的道德楷模

工作上坚强如铁的郭明义，其实有一颗最柔软的心，看不得任何人受苦落难。一位电铲司机的爱人没有工作，家住农村，有两个孩子上学，他经常送去助学的费用。一位平路车司机患上重病，他先后6次送去1000多元钱，最少的一次，他只攒够50元钱，也给这名工友送去了……

仅在采矿作业区的一个班组，34名工友中就有23人受到过他的直接帮助。

他是工友们的贴心人，时时处处帮助他们解决实际困难。有工友反映午餐质量差、不合口味，他拿起饭盒就去找领导沟通；职工上班的通

勤车老化、易出险情，他马上向矿里汇报，及时改善工友的乘车条件。

郭明义有个老同学名叫乔广全，打工的工资被拖欠了4年多，要做出过激的行为。他听说后非常着急，一方面苦口婆心地做老同学的思想工作，另一方面到有关部门和拖欠工资的民营企业多方奔走，使这个拖了4年多、连领导和组织都"棘手"的问题，得到了圆满解决。

矿山的工人朴实、憨厚，不会讲大道理，但心明如镜。这样的故事，被他们口口相传，更被深深地记在心底。渐渐地发觉，工友们无论在工作上，还是家庭上遇到什么难题，都"有话找他说、有事找他办"。大家都说，郭明义就像"润滑油"、"粘合剂"，团结了同事工友，促进了企业发展，维护了社会和谐。

郭明义帮助身边工友，更帮助那些素不相识的人。他经常说起一个叫杨斯雯的小女孩。杨斯雯家住在鞍山市铁西区，现年17岁了，在她出生不到3个月时，父母就离异并各自离家出走，从此，再也没有回来看过他，从小由奶奶带大。奶奶只有低保金，又体弱多病，祖孙二人生活非常困难。杨斯雯上到小学四年级时，奶奶连给她买书买本的钱，几乎都拿不出来了。

就在这时，郭明义从鞍山市希望办知道了她的情况，他眼含热泪说，这个孩子，我一定帮到底。他告诉杨斯雯："好孩子，安心念书，你念到哪，我就供你到哪。"

一年之后，杨斯雯的奶奶在希望办组织的见面会上，第一次见到了郭明义。她原以为，源源不断拿钱资助自己孙女的大恩人，一定非常富裕。然而，出现在她面前的郭明义一身旧工作服，鞋面上还沾着泥，完全不是她想象中的样子。她拉着郭明义的手，泪流满面，一句话也说不出来……

从2006年起，郭明义一直资助杨斯雯，样样关心，牵肠挂肚。杨斯雯说，别人的新书包、新衣服都是爸爸、妈妈买的；我的第一个新书包、第一件新衣服，是郭伯伯买的。原来准备初中毕业就外出打工的小斯雯，在郭明义和众多志愿者的帮助下，在2011年考上了鞍山市的一所高级中学，继续她求学的梦想、人生的梦想！

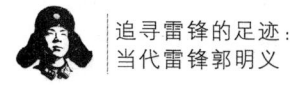

18年里,像杨斯雯这样的孩子,郭明义资助了300多个。为了这些孩子,他倾其所有,恨不得把心都掏出来。

2002年,他在电视中看到,山东济宁市嘉祥县五胞胎的父母生活遇到困难,马上寄去300元钱,此后年年寄钱。

2010年9月,他从报纸上看到,重庆有一个叫张猛的孩子,他的父亲不到30岁时,就在一起个体煤窑的矿难中严重受伤,身体高位截瘫。母亲以外出打工为名,从此离家出走。爷爷奶奶受不了这沉重的打击,不带半年相继病逝。照顾父亲的重任,就落在了只有6岁的小张猛身上。每天给爸爸做三顿饭,处理大小便。明知爸爸的腿没有任何感觉,还要每天晚上给爸爸做按摩。8月份开学前,老师到他家中走访并劝他上学,小张猛说:"要是允许我每天迟到早退,能有时间照顾爸爸,我就去上学。"

看到这则消息,郭明义热泪盈眶,马上给孩子寄去助学的费用,还写信鼓励他们父子。2010年10月,报告团到了在重庆,市委宣传部的同志在郭明义先进事迹报告会即将结束的时候,把小张猛接到会场。当小张猛和郭明义资助的一名鞍山籍、在重庆大学读书的大学生被请到了主席台和他们的恩人见面时,郭明义毫无准备。当孩子们手捧鲜花与泪流满面的郭明义抱在一起时,会场里掌声和泪水交织在一起,掌声经久不息,人们久久不愿离去。

报告团回到鞍山,郭明义一直惦记小张猛,马上向爱心团队的志愿者发出了倡议。短短一周时间,来自鞍钢集团机关、鞍钢股份公司机关和鞍钢矿业公司机关的志愿者就捐款50多万元。2010年12月初,我代表郭明义同志和爱心团队来到了重庆黔江区石郎镇中心小学,将这笔善款交到学校手里。经过一年的工作,学校的寄宿设施已经建成,即将于2013年新学期开学时投入使用。前不久,我在和小张猛的爸爸通话中得知,学校将把他们父子都安排到学校生活。这样,小张猛将有更多的学习时间,他的爸爸也会得到孩子和更多志愿者的照顾。说到这里,小张猛的爸爸、一个只有34多岁却瘫痪了多年的汉子,开心地笑了起来。

我们给郭明义作过统计：他在鞍钢工作 30 年，收入不到 40 万元，捐献了近 20 万元。各种补贴一分不留捐了，各种奖金、慰问金全都捐了，所有奖品、慰问品也捐了。他多次被评为各级劳动模范和优秀共产党员，一共 6 万多元奖金，他又一分未留都捐了。至今为止，郭明义除了两套工作服，只有四套衣服，其中的一件棉衣，已经穿了 10 年了。

给别人捐款，他从未有过丝毫犹豫。而对自己，哪怕花一分钱也要掂量再三。无论多少钱在手，他一定要想方设法用在需要帮助的人身上。这就是他无私的品格，这就是他忘我的境界！

在郭明义办公桌的抽屉里，静静地放着 60 多本无偿献血证，见证了他 20 年多来，无偿献血 6 万多毫升的壮举。捐献全血，他每年捐献两次，800 毫升，是献血规定的最高线。自从 2005 年鞍山有了血小板提取设备，他几乎月月捐献血小板。

捐献一个单位的血小板，相当于捐献 800 毫升全血。提取血小板的过程，与血液透析相似，全身血液在血细胞分离机里多次循环，提取后，再把血液输回体内，场面令人震撼，而他却是一付心愿得偿的样子。

2009 年春节前的一天中午，郭明义刚从采场下来，突然接到血站的电话，问能不能马上捐献血小板。他顾不上吃午饭，急忙赶到血站，得知是一名临产孕妇出现了严重融血症，急等血小板救命。这时的郭明义从早上 5 点到下午 2 点水米未进，马上献血对身体不利，但他没对医生讲。让他献一个单位的血小板，他说："不行啊，还有孩子呢，得确保够用。"硬是献了最高限度的两个单位的血小板，终使母子平安。

孕妇的丈夫打来电话："大哥，你可是我们全家的大恩人呐！要不是你救了她们母子，我们这个家可就完了。"

2012 年 2 月 10 日下午 1 时 30 分，正在接受媒体采访的郭明义突然接到从鞍山市中心医院打来的一个紧急求助电话。一个来自海城市偏远农村的农民，名叫杜兴龙，他的妻子现年 39 岁，在临近分娩时才发现患有严重的心脏病和贫血症。如果不能及时输入 A 型血小板，不仅孩子无法接生，她自身也面临大出血的危险。接到电话后，由于郭明义不

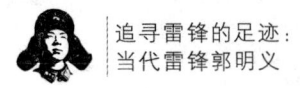
追寻雷锋的足迹：
当代雷锋郭明义

在献血周期内，周围的人中，没有一个是 A 型血，他就马上发出了微博，发动爱心团队的志愿者们前去捐献。不到一小时，就有 4 名志愿者先后去血站。结果，前面的 2 名志愿者在初检时均没有合格。第三个先赶到的志愿者，是来自鞍山某企业的员工刘东博，他检验合格后马上上机采血。之后，郭明义又和血站的同志一起，将血小板送到鞍山市中心医院。下午 4 点 30 分，孩子顺利降生。5 点 20 分，孩子妈妈平安脱险。多年来，郭明义爱心团队志愿者们已经献血 100 多万毫升，挽救了无数人的生命。

20 年了，郭明义用自己的满腔热血不知挽救了多少垂危的生命，不知挽救了多少个濒临绝望的家庭，书写了纯洁闪亮、血浓于水的人间大爱。

2006 年，郭明义的工友张国斌 13 岁的女儿患了白血病，工友刘孝强 15 岁的儿子患了重度再生障碍性贫血症。郭明义听说后十分焦急。作为鞍山市第一批捐献造血干细胞志愿者，他知道造血干细胞移植是挽救这两个孩子生命的有效办法。于是，他不仅带头捐款，还写了一份感人的倡议书，走遍全矿所有部门和班组，发动大家捐献。

他又想到，浴池是职工聚集最多的地方。于是，每天下班后，不管多累，他都赶到最大的浴池去，一个接一个给大家义务搓澡，一遍又一遍讲捐献的事。有时，搓了 20 多人，他还是不停手；有时，只剩他一个人了，他还不肯走，要等晚来的工友。他说，每增加一个样本，孩子就多了一份配型成功的希望啊。

工友们都被感动了：老郭啊，别搓了，我们都知道你的心了，这就和救我们自己的孩子一样啊，听你的，我们都参加。就这样，工友们都成了志愿者。

为了发动更多的人，郭明义还走进鞍山电台直播间，向社会发出呼吁。他急切地对听众说："每天早上，孩子都会趴在病房窗口，眼巴巴地看着路上那些背着书包去上学的孩子们。孩子经常问爸爸，我的病什么时候才能治好呀？我不想待在这，我想上学……请大家都来帮帮这两个可怜孩子吧……"说到这里，他已泣不成声。听众都被感动了，要求捐献造血干细胞的电话一个接一个，把直播间的电话都打爆了。

爱心创造了奇迹。如今，张国斌的女儿与一名志愿者配型成功，随时可以进行移植，孩子的生命有了坚实的保证。他的工友许平鑫，2008年12月，与南方的一名白血病患者配型成功并顺利捐献。如今，这名当初生命危在旦夕的警官，早已出院并回到了工作岗位上。

遗憾的是，由于没能找到合适的配型者，刘孝强的孩子永远离开了。郭明义失声痛哭，对刘孝强说："兄弟，对不起了，要是我能发动更多的人，也许孩子还有救啊。"刘孝强流着泪说："大哥，我知道，你已经尽力了，儿子是满怀希望走的，临走时还说，爸爸，不用为我担心，郭伯伯一定能给我找到合适配型的人……"刘孝强又说："大哥，你放心，儿子虽然不在了，我还得好好活着，多为别人做点贡献，来回报你，回报那么多为孩子献爱心的人。"

郭明义献工、献钱、献物、献血，志愿捐献造血干细胞，还觉得不够。2010年6月，他又成为鞍山市第一批遗体（器官）捐献志愿者，而且发起成立了捐献志愿者俱乐部。

一个人所能献的，郭明义都献出来了。那么，他为自己留下了什么？

他的家，是一个郊区旧楼房单室，不到40平方米，住了快30年了。室内没有任何装修，还是水泥地、白灰墙、木制门窗，然而简朴整洁。以郭明义的资格和条件，以前矿里每次分房，他都排在前面。但他从来不写申请，总说"还有比我住得差的呢"。有人给他出主意："你把房子要来、卖了，也是一笔钱哪！"他却说："这是丧良心的事，我不能那么干。"

电视机，他先后捐了三台，现在这台是希望办送给他用的，讲明是公家固定资产不能捐献。手机，是2007年矿里奖励的，用于工作不许捐献。家里原来有一台电脑，已经捐出去了。现在这台，是几个亲戚凑钱给他女儿买的，不好意思捐献。自行车，先后买了三台都捐了，没再买，他就每天步行上下班。

说起来，他的全家都在奉献。这么多年，女儿就住在不到4平方米

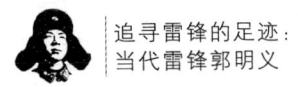
追寻雷锋的足迹：
当代雷锋郭明义

的门厅里，已经是中国地质大学的硕士研究生了，还没有一个属于自己的哪怕小小的封闭私人空间。郭明义的思想和行为，成了女儿最好的教科书，在郭明义的影响下，女儿不仅参加了无偿献血、义务支教等爱心活动，而且由于品学兼优，在大学里光荣入党。

郭明义的妻子是鞍山市肿瘤医院的主管护师，工作非常辛苦，家里家外的事都靠她一个人张罗。这么多年来，郭明义只给她买过两样东西：谈恋爱时买的红纱巾，再就是前年矿业公司组织劳模到井冈山参观，他花28元买了一个铝合金镶玻璃的戒指。妻子给他带了1000元钱，他只花了这28元，其余的钱，又都捐给了贫困学生。这么多年来，她从没对郭明义说过一句抱怨的话。2010年6月，郭明义报名捐献遗体器官，需要家属签字。他老伴儿说："老郭，我是医务工作者，我知道病人的需要。再说了，你都捐了，我留一把骨灰干什么，我和你一起捐了吧。"

时间证明了一切，郭明义30多年的无私奉献感动了身边的每一个人。鞍钢职工都发自内心地说，郭明义爱岗敬业像孟泰，用爱心奉献社会像雷锋，在他身上，集中体现了中国军人、中国工人、中国共产党党员和中华民族的所有美德。

当初，多少人说他傻。现在，他周围的人都在跟着他做这样的"傻事"。他身边的工友和矿里的"80后"职工，他常去寄钱的邮局职工，他常去献血的血站工作人员，他常去复印材料的复印社员工，和他有工作接触的私营业主，他帮助过的人，他资助过的学生，采访他的媒体记者，各级领导干部，社会各界群众，纷纷加入这支浩浩荡荡的队伍！

目前，郭明义爱心团队已经在全国范围内产生了积极影响，在各省、市、自治区都有了分队，志愿者总数已经达到20多万人。2012年3月4日，国务院国资委举行郭明义爱心团队授旗仪式，117家中央企业、60多万名志愿者加入到爱心团队，使志愿者总数增加到100多万人。

北京有一位私营企业家，一次就向爱心团队捐款12万元，而且，连名字都不肯透露；一名省部级领导干部，一次就向郭明义资助的一名特困学生捐助了10年的助学费用。现在，爱心团队几乎每天都能收到全国各地志愿者和爱心人士的捐款。

千万不要以为，奉献会使郭明义贫穷。正相反，他才是真正的富有者！他所做的，远远超越了一般意义上的好人。他代表着我们社会的道德力量和精神高度！他的行动告诉我们，一个人，应该怎样走向快乐和幸福！一个伟大国家，应该怎样建设！一个伟大的民族，应该怎样前进！

纵观郭明义的成长历程，我们看到的是一串闪光的足迹，看到的是一位鞍钢矿工的儿子朴实无华的超常奉献。

鞍钢作为我国最早恢复建设的大型钢铁联合企业，被誉为"中国钢铁工业的长子"、"共和国钢铁工业的摇篮"，60多年来，鞍钢已经为祖国奉献了26个鞍钢，为钢铁工业输送了6万多名领导干部、工程技术人员和熟练工人，为各大钢厂培训过11万多名干部职工。鞍钢既出钢材又出人才，老英雄孟泰、走在时间前面的人王崇伦，是鞍钢也是共和国的骄傲。伟大的共产主义战士雷锋1958年从湖南望城来到鞍钢化工总厂当了一名推土机手，1959年9月，又从化工总厂调入地处辽阳市的鞍钢矿业公司弓长岭铁矿焦化厂；1960年1月，从弓长岭铁矿应征入伍。这样一个有着深厚优良传统、创造无数辉煌的企业，为郭明义的成长提供了深深的沃土。

2010年8月，郭明义听说工友严会春出生刚10个月的女儿小严涵患上了白血病。想到如此娇小的生命正经历放疗、化疗的痛苦，正承受那些连说都说不出来的煎熬，他心疼不已，马上写了一封感人的倡议书，号召鞍钢广大干部职工奉献爱心。在郭明义的先进事迹和人格力量感召下，这个有着深厚文化底蕴和光荣传统的企业中，一次就有5000多名职工慷慨解囊。

2010年9月，当郭明义拿着近20万元的捐款，送到小严涵所在的沈阳盛京医院的病房里时，严会春和妻子激动得泪流满面。严师傅说："郭大哥，我真不知道该怎么感谢您和那么多好心人。我们的医疗费马

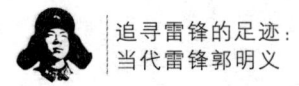

追寻雷锋的足迹：
当代雷锋郭明义

上就要花完了，你送来的是孩子的救命钱啊！"在郭明义事迹的感召下，中国神华集团的党员为小严涵捐款 10 万元，中国通用技术集团的团员青年为小严涵捐款 7 万多元。由于有了坚实的资金保障，2011 年 3 月，小严涵已经在上海成功完成了造血干细胞移植手术。我们坚信，有郭明义和这么多人在为她献爱心，在为她祝福，小严涵一定能够战胜病魔，拥有崭新、快乐的童年！

30 多年为人民服务的历程里，他在平凡的小事中展现了高尚的品格；在平常的工作中书写了奉献的赞歌；在平静的日子里彰显了忘我奉献的先锋本色。面对他的事迹，每个人都会深深地思索：人生的道路应该怎样选择，人的一生究竟应该怎样度过才更有意义！

毛泽东同志在《纪念白求恩》一文中告诉我们："一个人能力有大小，但只要有这点精神，就是一个高尚的人，一个纯粹的人，一个有道德的人，一个脱离了低级趣味的人，一个有益于人民的人。"

郭明义就是这样的人！我们的时代、我们的社会、我们的国家、我们的民族，呼唤这样的人，需要这样的人！

让我们努力向"当代雷锋"郭明义同志学习，努力争做一个有益于人民的人！

（作者系鞍钢集团公司文明办主任兼郭明义爱心团队办公室主任）

不断推进学习郭明义活动
为鞍钢集团做强做优提供强大精神力量

张晓刚

2010年8月,中共中央总书记、国家主席、中央军委主席胡锦涛就学习宣传郭明义同志的先进事迹作出重要指示,他指出:郭明义同志是助人为乐的道德模范,是新时期学习实践雷锋精神的优秀代表。要大力宣传和弘扬郭明义同志的先进事迹和崇高品德,为构建社会主义和谐社会提供强大精神力量。两年来,鞍钢集团公司党委全面深刻领会、认真贯彻落实胡锦涛总书记重要指示精神,采取各种有力措施不断深化学习活动,使鞍钢始终走在全国开展向郭明义同志学习活动的最前列。

一、深刻领会胡锦涛总书记重要指示精神的重大意义

广泛深入地开展向郭明义同志学习活动,对于在新的历史条件下传承和弘扬雷锋精神,构建社会主义和谐社会,践行社会主义核心价值体系,增强全体党员的宗旨意识和先进性,具有重大的现实意义和深远的影响。

1. 对传承和弘扬雷锋精神,提升全民道德水平具有重要的引领示范作用。雷锋精神体现了中华民族的传统美德,顺应了社会进步的时代潮流,彰显了我们党的先进本色,是一面永不褪色、永放光芒的旗帜。深入开展学雷锋活动,为一代又一代人的健康成长提供了正确的道德判断和价值取向。作为雷锋同志曾经工作并留下闪光业绩的地方,鞍钢坚持数十年开展学雷锋活动,有力地推动了企业两个文明建设的健康发展。作为新时期学习实践雷锋精神的优秀代表,郭明义同志用数十年助

人为乐、无私奉献的行动，赋予雷锋精神崭新的时代特征和活力，体现了在市场经济条件下广大人民群众的道德追求和对雷锋精神的热切期盼。像郭明义那样学习雷锋，像学雷锋那样学习郭明义，必将有力促进全民族道德水平和公民意识的提升。

2. 对构建社会主义和谐社会，具有深远的影响。社会和谐是中国特色社会主义的本质属性，是建设社会主义现代化国家的内在要求，是全体人民的共同愿望。构建社会主义和谐社会，需要人人共享、人人共建，每个公民既要分享成果，也要充分履行责任。郭明义同志乐于助人、甘于奉献的先进事迹和追求纯粹、善小而为、积极为促进社会和谐作贡献的崇高精神，反映了人民群众对社会主义和谐社会的理想追求。鞍钢广大干部职工在学习郭明义活动中，把在岗位争做文明职工、在社会争做文明公民、在家庭争做文明成员，与增强企业、职工的社会责任感有机结合起来，促进了企业与社会、职工、自然的和谐发展。深入开展向郭明义同志学习活动，对于提高全民参与社会建设和公益事业的积极性，以理性的方式对待利益调整过程中遇到的困惑和问题，以和谐的方式化解矛盾，进而促进社会稳定，具有广泛而深远的影响。

3. 对于全面践行社会主义核心价值体系，夯实全民族共同奋斗的思想基础具有重大的现实意义。社会主义核心价值体系是社会主义意识形态的本质体现，是全党全国各族人民团结奋斗的共同思想基础。当今时代，经济大发展、社会大变革、生活大变化，与其相适应的是思想的活跃、观念的碰撞、文化的交融。与一些人的价值观发生严重扭曲相对应的是，广大人民群众强烈呼唤质朴、纯真、善良的道德回归。郭明义同志先进事迹所折射的理想追求和时代精神，正是维系社会稳定发展的精神动力，有力地诠释了社会主义核心价值体系的深刻内涵，昭示了其强大力量，为人民群众树立了活生生的榜样。鞍钢广大干部职工在郭明义同志先进事迹的感召下，积极践行"钢铁强国、造福社会"的企业核心价值观，把践行社会主义核心价值体系与岗位争一流、为社会做奉献有机统一起来，促进了全员思想道德水平的显著提升。深入开展向郭明义同志学习活动，对推进社会主义核心价值体系建设，培养高尚道德情操和健康生活情趣，切实形成知荣明耻的良好风尚，激发全民爱党爱国的巨大热情，必将发挥重要的示范和推动作用。

4. 对于增强党员的先进性，具有重要的带动辐射作用。全心全意为人民服务是党的根本宗旨，是体现共产党员先进性的重要标志，是创先争优活动的重要目的。郭明义同志入党 30 多年来，把为人民群众做好事、办实事作为自己的神圣职责，吃苦在前，享受在后，艰苦奋斗，克己奉公，体现了共产党人忘我奉献的先锋本色。开展向郭明义同志学习活动，对于在新的历史时期强化党的宗旨意识，永葆党的先进性，进一步密切党群干群关系，夯实党执政的思想基础、群众基础，具有突出的带动辐射作用。

二、把深化向郭明义同志学习活动作为重大责任和使命

两年来，鞍钢各级党组织把全面贯彻落实胡锦涛总书记重要指示精神，作为重大政治责任和光荣使命，高度重视，精心组织，选准载体，固化机制，为推动全国开展向郭明义同志学习活动树立了标杆。

1. 高度重视，全面部署。两年来，鞍钢连续下发了四个文件，对学习郭明义活动进行了周密的部署。2010 年 11 月，鞍钢召开了进一步深化向郭明义同志学习活动动员大会，在 4 月初下发了《关于开展向郭明义同志学习活动的决定》基础上，下发了《关于进一步深化向郭明义同志学习活动的安排意见》。2011 年 2 月，下发了《关于开展"学习郭明义，做高素质鞍钢人"员工职业化宣传教育活动的通知》。2012 年 2 月，下发了《关于转发国资委精神文明建设委员会〈关于组建"郭明义爱心团队"的倡议〉的通知》。2012 年 3 月，下发了《关于开展"弘扬雷锋精神，争做郭明义式员工"活动的决定》。为推动一个先进人物的学习活动，连续下发了四个文件，这在鞍钢 60 多年的发展历程中是前所未有的。

2012 年 3 月，鞍钢党委批准成立了郭明义爱心工作室，选派长期参与郭明义同志事迹宣传推介及爱心团队建设服务工作的 5 名同志，专职负责工作室下设的会员部、赈济部、外联部、宣传部、综合部共涉及

郭明义发展保护及爱心团队建设等 70 余项具体工作。制定和完善了《郭明义爱心团队章程（草案）》、《志愿者分队及志愿者注册登记管理办法》、《财务管理办法》、《每周工作汇报制度》、《求助信息登记汇总分析制度》及各项工作流程。爱心工作室运行仅 4 个月，就累计撰写郭明义各种先进事迹稿件、爱心团队建设方面的文稿等 60 余份、8 万多字，接待来自全国各地的来访者 130 多批次、近 5000 人，处理各种求助信息 1700 多条，捐助了 300 多名困难职工和困难群众。组织全国各地的分队开展了学雷锋系列活动、造血干细胞样本采集活动、无偿献血者日活动等，有 5 万多名志愿者参与。工作室的成立，有力地推动了学习郭明义活动的深化，使这里成为挖掘郭明义精神核心内涵、概括提炼其精神实质的家园，成为展示郭明义事迹，展示鞍钢精神、鞍钢文化的重要窗口，成为拓展郭明义爱心团队影响力和辐射力的源泉。

2. 强化组织，完善机制。通过下发四个文件，在鞍钢职工中广泛开展了"立足岗位学习雷锋、争做郭明义式员工"、"争创郭明义文明岗位、文明机台"、"党员对标领航"等活动，营造全员学习、岗位学习、党员干部带头学习的良好风尚和浓郁氛围。强化团队拓展，目前，仅在鞍钢，就有郭明义爱心团队 300 多个分队、近 4 万名职工加入。2012 年 3 月 4 日，117 家中央企业成立了郭明义爱心团队，使全国郭明义爱心团队的数量达到了 400 余支，志愿者总数超过 70 万人。

强化阵地建设，在齐大山铁矿创建了以展示郭明义等一批道德模范事迹为重点的鞍钢职工道德培育基地。在郭明义爱心工作室，建立了先进事迹资料展示室、放映室、档案室，展出各种实物 2000 多件。强化舆论引领，在《鞍钢日报》、《鞍钢政工研究》和《鞍钢》等报刊上，刊登郭明义先进事迹及学习郭明义相关报道、文章 1000 多篇。编辑了《时代先锋郭明义》、《当代雷锋郭明义》、《郭明义的故事》等读物和音像制品，组织鞍钢文学艺术爱好者创作了文学、书法、美术、摄影、歌曲、短剧等作品 3000 多个。强化网络宣传，指导协助郭明义在新浪网上开通了"鞍钢郭明义"微博，短短一年多时间，关注他的粉丝就超过 1000 万人，进入新浪微博名人排行榜前 50 位，使其社会影响更加广泛。在鞍钢集团官方网站、官方微博上,全面介绍了郭明义同志的先进事迹。通过开展"网上学习郭明义、倡导新风树正气"活动,建立起了学习郭明义的新平台。

3. 创新载体,全面深化。鞍钢党委每季度举办一期"郭明义论坛",围绕不同的主题开展专题讨论活动,覆盖职工超过6万人次。通过鞍钢党建思想政治工作研究会,开展郭明义精神的总结研究,已发表理论研究成果30多篇。为郭明义等先进人物举办了党的创新理论专题学习班,帮助他们系统学习党的路线方针政策,进一步提升其理论修养水平。重新组建了鞍钢郭明义先进事迹报告团,报告团在全国各地作巡回报告120多场,直接听众超过40万人。在学习活动中广泛选树先进典型,涌现出"鞍钢的保尔"、为鞍钢信息化建设事业奋斗到生命最后一息的技术专家蒋东明,在技术革新、技术发明上取得突出业绩的工人高级技师李新林,在四个不同的工种获得技术状元称号的杨福斌等一大批先进典型人物。鞍钢矿业公司齐大山选矿厂一选车间党支部书记张伟同志,2012年7月与外地一名25岁的男性白血病患者配型成功,成为鞍钢第七例造血干细胞成功捐献者。在鞍山市多次挽救危重病人的紧急输血、输血小板的过程中,每次都有鞍钢职工的积极参与奉献。

4. 大力支持,积极配合。大力支持上级组织在学习宣传郭明义先进事迹方面开展的工作,为其创造有利条件。两年来,鞍钢接待了中央和省级媒体80多家、100多批次、400多名记者相关采访活动。其中,新华社记者30多次来访,中央电视台有6个频道、10多个栏目50多名记者来访。仅中央和省级媒体,两年来就刊发反映郭明义及其爱心团队先进事迹的报道1000多篇。承办了上级组织在鞍钢举行的学习郭明义先进事迹座谈会、研讨会、观摩会及各种参访活动30多次、1200多人。两年来,郭明义同志出席了中央纪念建党90周年大会和大型文艺演出、全国道德模范颁奖典礼、《感动中国》颁奖典礼、中央电视台春节晚会、"郭明义精神五进活动"等重要活动,每次鞍钢都安排具体部门和专人做好筹划配合工作。鞍钢还出资支持电影《郭明义》的拍摄,组织500多名群众演员参加演出。全力支持话剧《郭明义》在鞍钢采

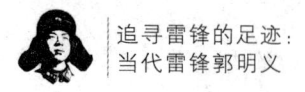

风和实景拍摄,为其成功首演并在全国巡演做出了积极的贡献。两年来,共为全国各地的宣传部门、新闻媒体、志愿者组织无偿提供反映郭明义事迹的各种文稿、影像、实物资料等1600多件次。

三、郭明义精神成为推进企业两个文明建设的强大动力

两年来,通过广泛深入开展向郭明义学习活动,促进了生产经营改革改造的健康发展,有力提升了干部职工的敬业爱岗意识和道德修养水平,拓展了鞍钢文化和品牌的影响力。2012年,在世界钢动态(WSD)最新"世界级钢铁企业竞争力"排名中,鞍钢集团公司位列第22名,居入围中国大陆钢铁企业第2位,并进入了《财富》世界500强。

1. 调动了全员敬业爱岗、争创一流的积极性。鞍山钢铁集团公司与攀钢集团有限公司实现战略重组成立鞍钢集团公司后,产业集中度进一步提高,钢产能近4000万吨,经营规模位于国内钢铁行业的前列。两年来,通过大力调整产业结构,推进国际化运营,使集团布局更趋合理,资源优势进一步凸显,市场竞争优势显著增强,企业发展实现了历史性突破,生产规模、营业收入等跃上新台阶。2011年,鞍钢集团生产铁3052.45万吨,钢2975.04万吨,钢材2796.27万吨,实现营业收入1557亿元人民币,实现了跨越式发展。年初以来,面对国家宏观调控不断深化,国际国内市场需求低迷,钢铁产能过剩,全行业普遍亏损的严峻挑战,鞍钢广大干部职工依靠"推进变革创新、提升竞争优势"的不懈努力,降本增效、扭亏为盈攻坚战取得了阶段性成果,一举扭转连续亏损的被动局面,5月份盈利4.33亿元。

2. 调动了全员助人为乐、无私奉献的积极性。两年来,在郭明义同志先进事迹的感召下,敬业奉献、创新进取、向往崇高,日益成为鞍钢广大职工的自觉追求。目前,鞍钢干部职工已有9万多人次参加了义务献工、突击会战,为战胜困难挑战、实现扭亏增盈做出了积极贡献。有4万多名干部职工参与了郭明义爱心团队的奉献活动。两年来,鞍钢郭明义爱心团队的志愿者共为困难职工、困难学生群众捐款130多万元,无偿献血100多万毫升,捐献造血干细胞样本2000多例,其中,

在鞍山市已经成功配型的 9 名捐献志愿者中，有 7 名来自鞍钢，捐献遗体器官志愿者 900 多名，参加红十字会志愿者急救队、服务队 3700 多名，1800 多人加入新浪微博"郭明义爱心团队微博群"，参与文明上网、倡导新风的活动。中央宣传部领导称赞鞍钢是国内各大企业中志愿者比例最高、最具爱心的企业。

3. 调动了全员践行社会主义核心价值体系的积极性。通过大力宣传郭明义先进事迹，引领鞍钢广大职工特别是共产党员争做践行社会主义核心价值体系的生动实践者、广泛传播者、领航先行者，做到"四个突出"，即突出无私奉献，坚定理想信念；突出树立正气，提高道德修养；突出爱岗敬业，争创工作佳绩；突出以人为本，构建和谐企业，为提升全员的思想政治素养发挥了重要作用。两年来，共设立集团公司级"共产党员"工程 107 项，16982 人参加活动，其中职工群众 8000 多人、创效 5623 万元。在"温暖送万家"党员干部大走访活动期间，1 万多名党员干部共走访 3 万多名职工群众，发放慰问金 1480 万元。两年来，涌现出文明单位 240 多个，文明集体 1200 多个，各级各类先进典型人物 3800 多人。在郭明义精神感召下，许多 80 后、90 后职工成为学习活动的生力军，涌现出 100 多名郭明义式的青年标兵。两年来，有 16000 多名职工申请加入党组织。广泛开展了"明义精神在身边、在岗位"活动和评比学习郭明义活动先进典型、精神文明建设标兵、道德模范之星等活动，形成了人人学习郭明义、人人身边有典型的生动局面。

4. 丰富和发展了鞍钢文化、提升了鞍钢品牌的影响力。通过开展学习郭明义活动，使鞍钢深厚的文化底蕴得到充分挖掘和展现。从新中国成立初期的老英雄孟泰，到"走在时间前面的人"王崇伦，到伟大的共产主义战士雷锋，再到"当代雷锋"郭明义，构成了鞍钢特有的文化主旋律。60 多年来，鞍钢涌现出各级劳模 5640 人，其中，有 145 人获得"全国劳动模范"、"全国五一劳动奖章"，有省部级劳模 1652 人。多年来，在以"两参一改三结合"为本质特征的"鞍钢宪法"精神激励下，一大批技术专家、工人革新家、发明家在鞍钢涌现出来，邢

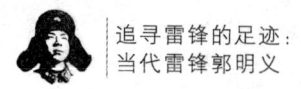

贵斌、李宴家、李新林等正是其中的杰出代表。两年来，鞍钢评选出技术专家、技术状元、革新能手等2600多人。"创新、求实、拼争、奉献"的鞍钢精神，在一代代鞍钢人的身上得到了完美的阐释和传承。随着学习活动的深入开展，鞍钢品牌的影响力和美誉度得到显著提升，从郭明义和郭明义爱心团队的感人事迹中，许多人对鞍钢有了新的认识、新的理解。两年来，慕名到鞍钢学习参观的各界人士超过1万人，鞍钢文化正在更广泛的传播中展现出新的活力。

四、深入持久地推动学习郭明义活动向纵深发展

两年来，虽然在开展向郭明义同志学习活动中取得了显著成果，但按照胡锦涛总书记重要指示的要求，还有很多工作要做。鞍钢党委决心把深入持久地开展学习郭明义活动，作为一项全局性、长期性的重大政治任务抓实抓好，以郭明义精神研究会为主体，以加强郭明义爱心团队和敬业奉献团队建设为两翼，进一步强化组织领导，健全工作制度，采取有力措施，抓好工作落实，提升整体水平，为推动经济发展、社会和谐作出鞍钢新的贡献。

1. 把深化学习郭明义活动，作为一项全局性、长期性的重大政治任务抓实抓好。郭明义同志的崇高精神和高贵品德，不仅是鞍钢倍加珍惜的精神财富，更是党和国家推进和谐社会建设的强大精神动力。作为不断发展的全国重大典型，郭明义每天工作、生活在鞍钢，既是鞍钢的骄傲和荣幸，也使我们肩负着重大的责任。我们要以强烈的政治责任感和使命感，站在党的事业发展全局的高度，充分认识弘扬郭明义精神对弘扬雷锋精神、对构建社会主义和谐社会、对践行社会主义核心价值体系的重大意义。要切实做好郭明义这一重大典型的爱护和发展工作，关心他的工作、学习和生活。充分发挥"当代雷锋"的榜样示范作用，通过成立郭明义精神研究会、组建郭明义敬业奉献团队、拓展郭明义爱心团队、总结学习活动先进经验、选树先进集体和先进典型等，建立起学习活动长效机制。继续做好"郭明义论坛"、报告会、座谈会、事迹巡展、图书编撰等重点工作，使学习活动形式多样，内容丰富，成效

显著。

2. 建立"一体两翼"工作模式，推动学习活动持续深化。要把充分发挥郭明义精神研究会的作用，作为深化学习活动的主体，为推动学习活动不断取得新成果奠定坚实的理论基础。要深入研究郭明义精神的时代意义和丰富内涵，总结提炼反映郭明义精神的名言警句，为开展学习活动提供新观点、新视野、新境界；要大力拓展研究的领域，将弘扬郭明义精神与弘扬孟泰精神、雷锋精神、鞍钢精神、央企精神紧密结合起来，与推介"鞍钢宪法"、鞍钢文化、鞍钢品牌紧密结合起来，形成一大批既具有深厚历史文化积淀，又能够紧贴时代脉搏的优秀成果；要积极探索开展学习活动的有效途径，选树推介重要成果和成功经验，形成规范的工作流程；要认真学习借鉴国内相关理论研究的前沿成果，邀请专家学者指导帮助，开放式开展研究，增强研究会的活力和影响力，为全国各地开展学习郭明义活动提供理论支持、实践指导。

加强郭明义敬业奉献团队和爱心团队建设，是在实践中开展学习活动的关键"两翼"，是引领广大干部职工在立足岗位、争创一流、奉献爱心、服务社会中开展学习活动的广阔舞台。为此，要在鞍钢集团、各二级公司、厂矿、车间（作业区）和班组、机台，分层次成立郭明义敬业奉献大队、分队和活动小组，使每名干部职工都参与到"岗位学习郭明义、人人争先创一流"活动的实践中来，促进学习活动的全员化、岗位化和常态化，以培养更多郭明义式的优秀员工。要充分发挥郭明义爱心工作室的支撑作用，制定清晰的发展目标，建立完善的工作制度，强化对全国各地爱心团队的组织、协调与管理。要研究探索、不断创新平台载体、机制方法，引导和推进爱心团队的持续壮大、健康发展。

3. 联系实际，创新思路，促进学习活动卓有成效开展。要紧密结合鞍钢当前面临的严峻形势和挑战，贴近职工的思想和工作实际，将学习郭明义活动焕发出的巨大热情，转化为立足岗位、争创一流工作业绩的实际行动，促进鞍钢两个文明建设的健康发展。要将学习活动与降本增效、扭亏增盈中心工作结合起来，以郭明义敬业奉献团队为载体，广泛开展"双增双节"、修旧利废、劳动竞赛、技术革新、提合理化建议等活动，增强全员的主人翁责任感，把智慧和力量凝聚到完成全年各项工作任务上来。要将学习活动与开展创新争优活动结合起来，通过开展"表率工程"、"样板工程"、"领航工程"活动，充分发挥党组织的战斗堡垒作用和党员的先锋模范作用，增强各级党组织、党员的凝聚力和战斗力。要将学习活动与开展学习蒋东明紧密结合起来，掀起爱岗位、爱鞍钢，讲品格、讲奉献的热潮。蒋东明同志是继孟泰、王崇伦、李晏家、邢贵彬、郭明义等新老英模之后，在鞍钢涌现的又一具有时代精神的重大典型人物，是鞍钢优秀知识分子的杰出代表，是鞍钢全体职工学习的楷模。通过开展向郭明义、蒋东明学习活动，增强全员感恩企业、忠诚事业、勇于拼搏、争创佳绩的责任感和使命感，与企业同呼吸、共命运，为鞍钢攻坚克难、科学发展作出自己应有的贡献。要将学习活动与弘扬鞍钢精神、鞍钢文化结合起来，引导广大职工像郭明义那样自觉践行鞍钢核心价值观，珍惜维护鞍钢品牌的美誉度和无形资产，争做鞍钢精神的践行者、鞍钢文化的弘扬者、鞍钢品牌的维护者。要大力弘扬和丰富"鞍钢宪法"的时代精神内涵，形成全员参与企业改革发展、群策群力共克时艰的生动局面，促进鞍钢提升管理水平、推进变革创新。

4. 强化组织领导，抓好工作落实。鞍钢各级党组织要深刻认识开展学习郭明义活动的重大意义，精心组织，认真部署。党政主要领导要亲自抓，各级党员领导干部要带头学，为职工群众做出表率、树立标杆。要在本单位建立郭明义敬业奉献团队和爱心团队的组织领导体系，开展经常性的学习活动，强化活动的管理考评，建立工作交流平台，不断总结提炼成功的经验，确保学习活动的规范化、可持续化。要把学习郭明义活动，与强化"四好班子"建设结合起来，将学习活动的成效纳入对领导班子和班子成员的考评中。与加强思想政治工作、企业文化建设、精神文明建设有机结合起来，大力选树典型群体，将鞍钢文化和鞍钢英模辈出的光荣传统发扬光大，用身边的典型所展现的精神价值，激发全员践行鞍钢精神的积极性。要完善精神文明建设考评内容和机制,评选学习活动的先进单位,选树郭明义文明作业区、文明机台、文明岗位和郭明义式优秀员工。各部门要充分认清自身在学习活动中担负的重要职责,各级机关干部要在活动中切实转变作风,积极主动工作,既做好组织协调,又要身先士卒,做学习郭明义的表率。通过深入开展向郭明义同志学习活动,激发全员敬业爱岗、无私奉献、争创一流工作业绩的巨大热忱,为鞍钢克服当前困难、实现扭亏增盈目标,不断做强做优提供强大精神动力,以优异成绩贯彻落实党的十八大精神。

(作者系中共鞍钢集团公司党委书记、总经理)

鞍钢：典型引路的特色文化

龙 强

鞍钢集团公司作为一个1916年建厂、新中国成立后有着60多年辉煌发展历程、创造过共和国钢铁工业无数个第一的老企业，鞍钢在很多工作中都有着深厚的积淀、成熟的做法和前沿的探索。今天，我重点汇报鞍钢着力打造英模辈出、典型引路的特色企业文化，为鞍钢做强做优、为社会和谐发展提供强大精神力量的认识和做法。

一、英模辈出是鞍钢的光荣传统与肩负的重大使命相互激荡形成的高度文化自觉

英模辈出，群星璀璨，是鞍钢的一大特色。从新中国第一代劳模，八次受到毛泽东主席接见，第一、二、三届全国人大代表，2009年当选"新中国成立以来100位感动中国人物"的"老英雄"孟泰，"走在时间前面的人"王崇伦，到伟大的共产主义战士雷锋，再到"当代雷锋"郭明义，都展现了时代的精神价值和道德高度，他们是鞍钢精神、文化、品牌、形象的重要载体，更是鞍钢为弘扬央企精神、为社会主义精神文明建设作出的重要贡献。他们的成长，是鞍钢的光荣传统、骨干地位、发展愿景，与鞍钢在各个不同历史时期肩负的重大使命相互激荡、相互作用，形成的高度文化自觉，同时，也成为了鞍钢人的文化自觉，成为了广大职工群众共同践行的精神价值与行为准则。

（一）鞍钢的历史积淀和光荣传统，为英模人物的成长提供了丰厚的沃土

作为新中国最早恢复建设的大型钢铁联合企业，鞍钢发展壮大的每

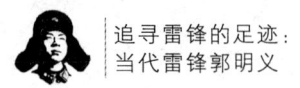
追寻雷锋的足迹：
当代雷锋郭明义

一步都与党和国家的命运息息相关。在各个历史时期，鞍钢都发挥了钢铁工业排头兵的作用。

鞍钢始建于1916年，日本人组建了振兴铁矿、鞍山制铁所和昭和制钢所，目的是掠夺鞍山地区丰富的铁矿资源和钢铁资源，以满足其发动大规模侵略战争的需要。这个时期，残酷的殖民统治激起鞍钢工人阶级强烈的反抗，孕育了争取自由、当家做主的自觉意识。1948年2月鞍山解放后，于12月26日正式成立了鞍山钢铁公司。1949年初，毛泽东同志发出"鞍山的工人阶级要迅速在鞍钢恢复生产"的电令。同年5月1日，党中央派贺龙同志出席了鞍钢轧钢厂复工典礼；7月9日，鞍钢举行了盛大的开工典礼，党中央、中央军委送来"为工业中国而奋斗"的锦旗。1952年，中共中央发出了"要集中全国力量首先恢复和改建鞍山钢铁公司"，"全国支援鞍钢"和"为鞍钢就是为全国"的号召。1960年3月22日，毛泽东同志在《鞍山市委关于工业战线上的技术革新和技术革命运动开展情况的报告》上批示了"鞍钢宪法"。"鞍钢宪法"的产生，固然有复杂的国际国内背景，但其中"大搞技术革新和技术革命"、"实行两参一改三结合"，至今得到充分的肯定。"两参一改三结合"，被写进了邓小平同志主持起草的《关于建国以来党的若干历史问题的决议》。其主要内容是：干部参加劳动，工人参加管理；改革不合理的规章制度；领导干部、工人群众和工程技术人员三结合。60年代中期，鞍钢就提出了争创"三个第一流"、"四朵大红花"。"三个第一流"指品种质量、生产工艺、主要经济技术指标达到世界第一流。"四朵大红花"指红矿浮选实收率超美国，高炉高压低消耗，双床平炉、炼低合金钢和轧钢创世界水平。

改革开放以来，鞍钢坚持不懈地深化改革，在体制、机制、技术和管理上不断创新，使鞍钢发生了脱胎换骨的变化，成为国有企业深化改革、走老企业自主发展创新之路的典范。"十一五"时期以来，鞍钢经受住了金融危机的严峻考验，实现了大发展、快发展，钢的产能达到近4000万吨，营业收入1557亿元，成为国内最大的钢轨、船板生产企业和品种结构最齐全的无缝管生产企业，是行业前两位的高端汽车板、家电板、集装箱板生产企业,是中国第一、世界第二大钒制品生产企业,是中国最大的钛原料生产企业和主要的钛白粉生产企业。2011年10月,鞍钢成为首个产生国际钢铁协会主席的中国大陆钢铁企业;2012年,在世界钢动态公司(WSD)最新的世界级钢铁企业竞争力排名中,鞍钢列第22位。2012年7月,鞍钢进入世界《财富》杂志500强企业,排名第462位。毛泽东、邓小平、江泽民、胡锦涛等党和国家几代领导人都对鞍钢的发展寄予厚望,多次题词、视察。2008年12月,胡锦涛总书记第二次视察鞍钢时再次强调指出:"鞍钢是我国钢铁企业的排头兵……希望你们为我国经济平稳较快发展做出更大贡献。"正是鞍钢走过了与党和国家同呼吸、共命运的辉煌发展历程,使鞍钢人形成了爱党、爱国、爱厂如家、艰苦奋斗,争做脊梁、无私奉献的精神风貌,为一代又一代英模人物的成长奠定了坚实的思想基础。

(二)鞍钢的骨干作用和重大贡献,为英模人物的涌现提供了广阔的舞台

鞍钢长期承载着国家赋予的历史重任,是国内屈指可数的对国家贡献最大的国有企业之一,被誉为"共和国钢铁工业的长子"。1949—1952年的四年中,鞍钢占全国钢产量的比例,平均为63.28%。到1960年,经过十年的发展建设,鞍钢仍占全国钢产量的52.4%。新中国的第一炉铁、第一炉钢、第一根钢轨、第一根无缝管等都是鞍钢生产的。新中国成立以来,鞍钢共上缴利税1500多亿元,相当于国家同期对鞍钢投资的26倍。人民大会堂等北京十大建筑、万里长江第一桥——武汉长江大桥以及后来的南京长江大桥、九江长江大桥等,所使用的钢材全部是鞍钢生产的。

鞍钢不仅出钢材,同时也出人才。截至2011年底,鞍钢为我国钢铁企业输送管理干部、工程技术人员、技术工人6万余人,涵盖了宝钢、武钢、首钢、攀钢、马钢、本钢、酒钢等20多个钢铁公司和生产厂,为各大钢厂代培管理干部、技术干部、技术工人、实习生11万多人。在全国各地规模较大的钢铁企业中,几乎都能见到鞍钢人的身影。因此,鞍钢又被称为"共和国钢铁工业的摇篮"。

正是由于鞍钢的骨干作用和重大贡献，60多年来，共产生以孟泰、王崇伦、雷锋、郭明义等重大典型为代表的各级劳模5640人，其中有145人获得"全国劳动模范"称号和"全国五一劳动奖章"，有省部级劳模1652人，这在全国各大企业中是非常罕见的。1950年，鞍钢小型厂工人张明山创制精轧机"反围盘"，是轧钢工艺重大突破，被誉为"革新能手"，《人民日报》为此发表了社论，长春电影制片厂以他的事迹为素材拍摄了故事片《无穷的潜力》。1953年4月，鞍钢机械总厂青年工人王崇伦发明成功"万能工具胎"，一年完成了四年多的工作量，被誉为"走在时间前面的人"，轰动全国，毛泽东同志称他为"青年的榜样"，1978年，他当选全国总工会副主席。1958年11月，雷锋从湖南望城来到鞍钢，分别在化工总厂和弓长岭焦化厂工作，并从鞍钢参军到部队。雷锋在鞍钢工人阶级中得到了思想觉悟的熏陶，在鞍钢这座大熔炉里，他崇高的道德风尚得到了锻炼和升华，在一年零三个月的时间里，他3次被评为先进生产者、5次被评为标兵、18次被评为红旗手。改革开放以来，鞍钢又涌现出多次受到党和国家领导人接见和重要批示的"新时期的好工人"李宴家、"基层管理者的榜样"邢贵斌、"当代鞍钢的保尔"蒋东明等。

郭明义同志1982年从部队复员后，一直在鞍钢工作至今。2010年8月，胡锦涛总书记就学习宣传郭明义的先进事迹和崇高品德做出重要指示。他指出：郭明义同志是助人为乐的道德模范，是新时期学习实践雷锋精神的优秀代表。要大力宣传和弘扬郭明义同志的先进事迹和崇高品德，为构建社会主义和谐社会提供强大精神力量。2011年9月2日，胡锦涛总书记在北京观看话剧《郭明义》并接见剧组主创人员时，再次指出："郭明义同志长期以来自觉学习、实践雷锋精神，坚持爱岗敬业、助人为乐，他不愧是新时期的道德楷模，我们都应向他学习。"解放后鞍钢60多年的建设发展中，不仅为国家和社会创造了巨大物质财富，也积淀了宝贵的精神文化财富，激励着英模人物的涌现。同时，又使这些英模人物的精神和事迹，在更广阔的时空中得到传扬，形成了生生不息、英模辈出的文化基因。

（三）鞍钢的核心价值观和发展愿景，激励着鞍钢人形成了高度的文化自觉

鞍钢"钢铁强国，造福社会"的核心价值观和"创新、求实、拼争、奉献"的企业精神，是对鞍钢优良传统的总结提炼和高度概括，集中体现了几代鞍钢人精神风貌的本质特征，不仅底蕴深厚、薪火相传，而且在新的形势下不断焕发出新的活力，使坚定的理想信念和先进文化，通过一个个鲜活的英模人物，潜移默化地植根于广大职工心中，成为广大职工做人做事的学习榜样，努力追赶的方向和目标，激励着更多英模人物的涌现。这种植根于企业与广大职工中的高度文化认同和文化自觉，既为鞍钢"建精品基地、创世界品牌"，打造最具国际竞争力、能够引领世界钢铁工业发展的特大型跨国集团发挥了重要的促进作用，又促使涌现出"鞍钢的保尔"、为鞍钢信息化建设事业奋斗到生命最后一息的技术专家蒋东明，在技术革新、技术发明上取得突出业绩的工人高级技师李新林，在四个不同的工种获得技术状元称号的杨福斌等一大批先进典型人物。从而，鞍钢的高度文化自觉，成为鞍钢人的人格自觉，体现了文化自觉的高素养、高境界，从而形成了历久弥新、万众一心的使命感和行动力。

二、打造英模辈出、典型引路的企业文化，是鞍钢履行央企重大使命、建设先进文化的必然选择

一个企业的发展，只有在具有更多文化含量的时候，才能进入更高层次更高水平；只有在灌注了高尚精神、赋予了主流价值，才具有恒久的生命力。鞍钢始终与党中央保持高度一致，充分认识，深刻领会，并把思想政治工作和企业文化建设作为一种独特的生产要素和宝贵的发展资源，融入企业改革发展和生产经营之中，为企业铸魂、育人、塑形，自觉为促进社会和谐发展、文明进步作出应有的贡献。

（一）打造英模辈出、典型引路的企业文化，是鞍钢履行央企重大使命的必然选择

中央企业是中国特色社会主义的重要支柱，是全面建设小康社会的

重要力量，肩负着夯实党执政的政治基础、经济基础和群众基础的神圣使命。一方面，中央企业改革发展取得的成就，为坚定中国特色社会主义共同理想提供了强有力的支撑；另一方面，中央企业不仅要为社会提供巨大的物质财富，而且要为社会提供丰富的精神财富，在社会主义文化建设中发挥重要引领和示范作用，做社会主义核心价值体系的宣传者、践行者、捍卫者。而培养选树宣传推介重大典型，用人格化的精神价值和道德追求，去展现社会主义先进文化和社会主义核心价值体系的丰富内涵，是一个重要的工作载体和途径。为此，鞍钢把打造英模辈出、典型引路的企业文化，作为履行央企重大使命、促进先进文化发展的重要任务，始终贯穿于政治工作的全过程，形成了光荣的传统，营造了浓郁的氛围，总结提炼了一系列成熟的机制和做法，使培育英模人物工作始终成为鞍钢各级党组织的重要政治任务。

（二）打造英模辈出、典型引路的企业文化，是全心全意依靠职工群众办好企业的具体体现

作为中央企业，贯彻落实党的根本宗旨，就是要全心全意依靠工人阶级，把保护好、发展好、实现好职工群众的根本利益，尊重职工群众的首创精神和劳动成果，帮助职工群众实现自我价值作为根本出发点和落脚点。而培养选树宣传推介典型集体和先进人物，对于最大限度地展现职工的崇高人格、工作业绩、道德操守，最大限度地调动全员争当先进、争做典型、争创一流的积极性，在经济手段作用有限、范围有限的条件下，不断向职工群众注入成长进步的动力，激发自我超越的潜力，融入学习创新的活力，具有不可替代的作用。为此，鞍钢把打造英模辈出、典型引路的企业文化，作为服务职工群众、依靠职工群众的重要途径，在各个层面培养选树立了一大批典型群体和先进人物，使他们的引领示范作用得到充分发挥，形成了人人身边有典型、人人身上有闪光点的生动局面。鞍钢股份热轧带钢厂开展的评选每月"道德之星"活动、鞍钢生产协力中心开展的评选"身边典型"、评选敬业爱岗好员工活动，鞍钢矿业公司东鞍山烧结厂开展的全员推荐、全员投票评选学习郭明义活动标兵等活动，均在职工中产生了广泛的影响，调动了全员争当

典型的积极性。

（三）打造英模辈出、典型引路的企业文化，是体现党的光荣传统和发挥新时期思想政治工作生命线作用的重要途径

培育选树先进典型，影响带动身边群众，既是思想工作、企业文化建设的基本原则和方法，也是我们党的光荣传统。毛泽东同志为我们做出了表率，张思德、刘胡兰、白求恩、雷锋等耳熟能详的名字和他们的崇高精神，至今仍然在激励和感染着亿万人民。特别在当今时代，经济大发展、社会大变革、生活大变化，与其相适应的是思想的活跃、观念的碰撞、文化的交融，使思想政治工作及其方法、手段面临严峻的挑战。而在职工群众中培养选树宣传推介先进典型，让他们感到可亲、可敬、可信、可学，具有春风化雨、润物无声的强大力量。在各大媒体上广泛报道的最美妈妈、最美教师、最美司机等典型人物，也展现社会主流价值取向的强大力量。为此，鞍钢把打造英模辈出、典型引路的企业文化，作为既传承思想工作优良传统，又与时俱进、加以创新发展的重要途径，取得了显著的成效。

（四）打造英模辈出、典型引路的企业文化，是体现政治工作整体水平的系统工程

先进人物的产生绝不是一朝一夕、一蹴而就的，需要多种先进文化因素的综合作用。同时，更是对一个企业党建、思想政治工作、企业文化、精神文明建设总体水平的系统检验，体现出一个企业政治工作的综合实力和具体成效。为此，鞍钢着力打造英模辈出、典型引路的企业文化，是以点带面、总揽全局的系统工程，更是推动两个文明建设总体水平不断提升的最佳切入点。同时，企业中先进典型产生的一个关键环节，就是用其在岗位工作的业绩作为关键衡量指标，因此，大力培养选树先进典型，对于激发全员岗位创佳绩、争当排头兵的积极性和创造性，对于企业发展战略、当期生产经营目标的实现，都具有重要的促进作用，形成了两个文明建设相互交融、相互促进的良好局面。

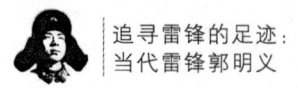

（五）打造英模辈出、典型引路的企业文化，是加强企业文化建设的标志性符号和重要载体

企业文化的精神、制度、行为、物质层面，都有着非常复杂的内容和运行体系，有的不容易接受、识别和记忆。要让职工群众较快地认知、认同并且自觉地实践，特别是长期自觉地有效执行，更是一大难题。同样，一个企业的文化被公众所接受和认可，是一件非常困难的任务，即使花再大价钱，打再多广告，有时也难以收到预期效果。然而，通过企业中先进典型人物的事迹、精神的传播，能够将企业文化各个层面的内容和内涵人格化、具体化、形象化，容易被职工和社会较快地接受和认同，进而成为企业形象的代表，成为企业文化的标志性符号和重要载体。为此，鞍钢着力打造英模辈出、典型引路的企业文化，既是从发挥自身优势的现实需要出发，也是探究企业文化核心内涵后的理性选择，而且坚持不懈，把握规律，创新方法，对提升企业文化建设整体水平发挥了重要作用。

三、落实措施，讲求方法，常抓不懈，使鞍钢着力打造英模辈出、典型引路的企业文化建设工作不断得到深化

鞍钢各级党组织以强烈的政治责任感和使命感，站在党的事业发展全局的高度，把深入持久地开展选树先进典型活动，作为一项全局性、长期性的重大政治任务抓实抓好，形成浓郁的氛围，制定了完善的机制，创新了多种方法，促进了工作的深化。今天，以培养选树郭明义同志的全过程为例，做全面的介绍。英模的成长需要多种多样的因素，郭明义能成长为一个令人瞩目的时代先锋，与他个人的努力、良好的家风、部队大熔炉的锻炼、党组织的教育培养等都密不可分。特别是鞍钢各级党组织充分发挥典型培育工作的优势，历时近30年对他进行培养塑造，对郭明义的成长起到决定性作用。

（一）对英模人物选树，是一个长期持久、不断提升的过程，在培育塑造阶段，要坚持不懈、精心细致

1. 高度重视，全面部署。2008年至今，鞍钢、矿业公司和齐大山

铁矿（以下简称齐矿）三级党组织先后下发了 12 个文件，对不断深入开展学习郭明义活动进行了周密细致的部署，仅鞍钢党委就连续下发了《关于开展向郭明义同志学习活动的决定》、《关于进一步深化向郭明义同志学习活动的安排意见》、《关于开展"学习郭明义，做高素质鞍钢人"员工职业化宣传教育活动的通知》、《关于开展"弘扬雷锋精神，争做郭明义式员工"活动的决定》等 5 个文件，全面发动，层层落实，依次推进。

2. 从思想上正确引导。郭明义从入厂伊始，由于在工作上表现出色、思想上积极进步、党员作用发挥上特别显著，很快得到了所在的汽运车间党支部的重视。1984 年，让他担任专职团总支书记，同时推荐他参加全国统一录用干部的考试。郭明义以优异的成绩通过，成为正式国家干部。1985 年、1993 年，先后两次支持他参加党校的学历进修学习。这些，对他日后的成长起到了十分重要的作用。当郭明义做出许多成绩之后，基层党组织都及时给予表扬和鼓励，特别是当他因工作认真和做好事不被人理解、甚至被人讽刺挖苦时，各级领导及时找他谈心，鼓励支持他，还有意识地安排他参加各种先进人物座谈会、赴革命圣地学习参观等活动。

3. 在学习上提供机遇和平台。从 1982 年参加工作后，郭明义一直坚持参加夜校学习，对此，组织上大力支持，为他报销学费，考试时给串班或放假。1985 年，郭明义考上了鞍山市委党校脱产 2 年的大专班，矿党委认为郭明义是个好苗子，破例同意他脱产学习，学习期间工资奖金等照发。1992 年，矿里安排全日制本科毕业或英语专科毕业、英语基础好的同志脱产轮训一年，为扩建工程提供英文翻译。虽然按照年龄和学历来看，他都不够，但考虑郭明义的现实表现和学识能力，安排他参加并担任班长。1993 年，郭明义又考上了中央党校函授学院在矿山党校的本科班。这个班的学员主要面对的是各单位的领导干部，矿党委又破例批准他参加函授学习。这些进修培训为郭明义同志坚定理想信念、提升思想理论水平、完善道德修养、增强做好本职工作的能力，发挥了重要的作用。

4. 在工作上精心指导、全力支持。鉴于郭明义扎实的工作作风和对工作一丝不苟的态度，党组织总是有意识地将一些比较重要而且难度大的工作交给他来做，并给予大力支持。齐矿原先没有采场公路管理员这一岗位，后来因为生产汽车载重量越来越大，公路维护保养的任务越来越重，就决定设专人负责这一工作。在考虑人选时，就让他负责这项工作。在工作中，由于郭明义对公路维护要求十分严格，有时难免与同志发生一些争执，但领导都坚定地支持他按原则办事，使他在公路管理维护上干得很出色。再如，为保护矿产资源，齐矿成立了两支护矿队，在选择护矿队长人选时，矿党委首先也想到了郭明义，认为他敢于负责，工作认真，让他担任其中一队的队长。郭明义勇斗盗窃分子的行为在矿里传为佳话。

5. 在企业和社会的爱心事业上予以全力协助。在郭明义所组织开展的爱心事业方面，鞍钢、矿业公司和齐矿各级党组织都给予了大力支持，近年来他发起的多次公开倡议和组织开展的大型公益活动，各级党团组织都积极参与协助，提供场地、车辆、通讯等方面的便利，还专门为郭明义献爱心活动拨款，用于活动的现场布置，购买慰问品，并给献血的职工准备早餐，组织青年志愿者全程提供服务。当郭明义爱心团队不断壮大时，为其安排了固定的活动室，配备了各种设施，方便其开展工作。正是在各级党政组织的大力支持下，郭明义爱心团队和奉献团队才得到了迅速发展。

6. 在生活上关心帮助。各级党组织经常与郭明义谈心，帮其化解工作、生活和学习等方面的压力，使他轻装上阵。考虑到郭明义同志一心为公，一心为他人，常常不顾惜自己的身体和家庭，逢年过节，各级领导都对他的家庭进行走访慰问。考虑到郭明义年龄较大、公路管理员岗位又十分辛苦，矿里曾想为他调整一下工作，但他都谢绝了。2007年，为方便郭明义开展工作和爱心活动，矿里特意奖励他一部手机，并明确要求他用于工作不能捐献。他的女儿考上大学后，矿党委专程送去了助学金。

7. 对其事迹及时进行表彰宣传。对于郭明义在工作和公益事业上的突出成绩,各级党组织及时表彰,大力宣传,引导职工向其学习。早在1983年,他就被评为鞍钢青年精神文明先进个人。1985年,他担任支部书记的汽运车间团支部被鞍钢命名为标杆团支部。1998年,郭明义被评为矿业公司的先进生产者。2000年,评为鞍钢先进生产者。2001年,评为鞍钢精神文明建设标兵;2002年以来,一直被评为鞍钢优秀共产党员。2006年,在开展先进性教育期间,举办了包括郭明义在内的模范事迹演讲会。

8. 帮助其不断提升个人素质。典型人物的成长进步不是一朝一夕的事情,也不是一劳永逸的事情,需要在实践中不断提升。郭明义作为一个有血有肉的人,他也有缺点。比如说,由于性格倔犟,他有时对身边同志的批评会比较严厉,方法也有不当之处。再如,遇到紧急情况,为了节省时间,他也有违反安全制度、避开盘山公路而抄近路到采场处理应急问题的现象。对此,组织上从不姑息迁就,该批评就批评,让他不断完善自我、提高自我。为了帮助郭明义不断提升素质,鞍钢党委责成相关部门和专人从政治理论、业务能力、现场管理、安全管理等方面帮他制定了素质提升计划,定期开展学习研讨,对提升综合素质都起到了积极作用。

(二) 培养选树英模人物,在宣传树立阶段,要循序渐进、不断完善,调动各方面积极因素

1. 在郭明义同志事迹挖掘整理的过程中,充分展现了鞍钢各级党组织的政治敏锐性和时代使命感。2007年初,鞍钢开展了先进典型人物的大调研,发现了郭明义同志的事迹非常突出,在先后进行了5次专题调研后,我们认为:

第一,郭明义的事迹真实可信。

第二,这个典型经过了长时间的考验。郭明义30年如一日,是真正把无私奉献作为自己的人生追求,作为生命价值的具体体现,把践行党的全心全意为人民服务的宗旨作为自己的神圣责任。

第三,这个典型的事迹很全面,各方面都很突出,具有极强的辐射作用。

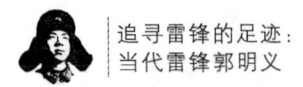
追寻雷锋的足迹：
当代雷锋郭明义

第四，这个典型没有争议，获得了广泛认可。很多职工对他的事迹都很熟悉，特别是他身边的同志，对他都很佩服，很多人自愿加入由他发起成立的爱心团队。

第五，各级党组织已经对郭明义这个典型进行了长期跟踪培养，在其成长道路上给予了积极引导和有力助推。

在此基础上，我们召开了6次座谈会，对其事迹进行了全面的总结和调研，又多次进行验证，包括查看原始档案、找当年的战友、工友领导、同学座谈，到其家中走访调研，多次与其本人谈心，与其家人谈心等，做了大量翔实的基础工作。仅郭明义同志的基础事迹材料等素材，就整理了8万多字。

经过近一年的调研、筹备和深入了解，以及对近年来中央和中央媒体集中宣传树立的重大典型的学习研讨，我们认为，郭明义同志是一个具有当代共产党人典型特征的时代典型，是一位坚持不懈学习雷锋精神的先进典型，是一个远远超出企业范畴的具有全社会普遍学习意义的全面的典型，是一名在和谐社会建设中的突出典型，要全面启动学习推荐活动，力争使其成为感动中国的重大典型。

2. 发挥政治工作合力，有计划、有步骤地推进向郭明义同志学习活动。2007年，根据鞍钢党委的指示，我们制订了关于学习选树郭明义同志的具体思路、规划和具体步骤，逐级提升，常抓不懈，不断完善，全面拓展。

2008年，安排齐大山铁矿党政工联合作出了开展向郭明义同志学习活动的决定，该项活动在齐矿地区引起了强烈的反响，得到广大干部职工的积极响应。

2009年初，矿业公司党委撰写了长篇报告文学《丹心热血铸大爱》，精心摄制了反映郭明义事迹的电视专题片，拍摄了郭明义大量的图片在内部报纸和局域网上发布，矿业公司党政工联合作出了开展向郭明义同志学习活动的决定，隆重召开了向郭明义同志学习动员大会，并通过视频会议系统向全公司直播了会议，有近4000名干部职工参加大会。我们还邀请了中央媒体驻辽宁的记者前来采访。此后不久，《工人日报》就在头版头条刊发了郭明义事迹长篇通讯并配发了评论员文章。

此后，矿业公司党政工团各级组织开展了报告会、故事会、演讲比赛、文艺作品演唱会等活动，大力宣传郭明义事迹。同时，积极协助郭明义同志开展了郭明义爱心团队迎国庆、献爱心大型资助活动，无偿献血活动、捐献遗体器官志愿者劝募活动、红十字志愿者招募活动等，使郭明义爱心团队的影响力迅速拓展，成为鞍山市最具影响力的爱心组织。

2009年底，鞍钢集团公司党委书记、总经理张晓刚同志专程到郭明义家里去看望他，并听取了郭明义事迹和前一阶段宣传发动工作的全面汇报，他对郭明义同志予以高度的评价，当场作出决定，从2010年元旦伊始，在鞍钢全面开展向郭明义同志学习的活动。

2010年1月开始，《鞍钢日报》用了近3个月时间，对郭明义同志的事迹进行了全面、深入、细致的报道，先后刊发长篇事迹报道3篇，特约评论员文章2篇，郭明义故事14个，学习体会20余篇，学习郭明义事迹动态消息30多篇，在鞍钢营造了浓郁的学习氛围。4月，鞍钢党委做出了《关于开展向郭明义同志学习活动的决定》，对学习活动进行了全面的部署。5月，组建了郭明义同志先进事迹报告团。6月，鞍钢党委举办了郭明义先进事迹报告会，报告会感染震撼了全体鞍钢人。经过历时3年多的紧张筹备，郭明义的事迹在鞍钢、鞍山市引起了广泛的关注和高度的认同。

（三）坚持不懈地宣传推介郭明义同志的先进事迹，使其走出鞍钢走向全国。

鞍钢党委高度重视向郭明义同志学习活动，为了使其成为在全国有影响力的重大典型，从以下几个方面开展了工作：第一，向上级组织积极推荐郭明义的事迹，并得到全国总工会等的高度重视，列为重大先进典型候选人，并邀请报告团到全总机关作报告；第二，安排郭明义先进事迹报告团在鞍钢各单位和鞍山市社会各界作事迹报告；第三，继续挖掘和充实郭明义事迹，对其进行全方位的完善；第四，向上级新闻媒体积极推介郭明义的事迹。张晓刚同志多次向来鞍钢采访的中央媒体全面介绍郭明义的事迹。鞍钢党委宣传部组成专门力量，对媒体广泛宣传郭明义事迹。新华社记者早在 2009 年 7 月，就参加了矿业公司党委召开的动员大会。此后，一直对郭明义事迹有着高度的认识和持续的关注，并于 2009 年 10 月、2010 年 3 月、2010 年 5 月，先后三次组成记者团采访报道。2010 年 7 月，新华社总社内参编辑部的主任记者和辽宁分社的记者一起，再次来到鞍山，对郭明义事迹进行了全方位的报道，并于 8 月 1 日在新华社《国内动态清样》上发表了长篇通讯《"雷锋传人"郭明义播撒爱心助人解难感动钢城》一文，胡锦涛总书记作了重要指示，使郭明义这一典型走出了鞍钢，走向了全国。

（四）对受到高度重视和持续关注的重大典型，同样要采取各种措施进行宣传推进，使其产生更加广泛持久的影响。

两年来，鞍钢党委全面深刻领会、认真贯彻落实胡锦涛总书记重要指示精神，采取各种有力措施不断深化学习活动，使鞍钢始终走在全国开展向郭明义同志学习活动的最前列，使郭明义同志和郭明义爱心团队的影响力、感召力、带动力不断拓展。

1. 建立机构，支持帮助。鞍钢党委批准成立了郭明义爱心工作室，选派了长期参与郭明义同志事迹宣传推介及爱心团队建设服务工作的 5 名同志，专职负责工作室下设的会员部、赈济部、外联部、宣传部、综合部共涉及郭明义发展保护及爱心团队建设等 70 余项具体工作。爱心工作室运行仅 4 个月，就累计撰写郭明义各种先进事迹稿件、爱心团队建设方面的文稿等 70 余份、8 万多字，接待来自全国各地的来访者 140 多批次、近 6000 人，处理各种求助信息 1900 多条，捐助了 400 多名困难职工和困难群众。组织全国各地的分队开展了学雷锋系列活动、造血干细胞样本采集活动、无偿献血者日活动等，有 5 万多名志愿者参与。

2012 年 8 月，在国务院国资委党委、辽宁省委的亲切关怀、精心指导下，我们隆重召开了郭明义精神研究会成立大会，国务院国资委党委致信祝贺，并由国务院国资委宣传局、辽宁省委宣传部的领导以及清华大学、新华社等国内高等院校、新闻媒体的知名专家学者组成了理事会。

郭明义爱心工作室和郭明义精神研究会的成立，有力地推动了学习郭明义活动的深化，使这里成为挖掘郭明义精神核心内涵、概括提炼其精神实质的平台和阵地，成为展示郭明义事迹，展示鞍钢精神、鞍钢文化的重要窗口，成为拓展郭明义爱心团队影响力和辐射力的源泉。

2. 强化组织，完善机制。在鞍钢职工中广泛开展了"立足岗位学习雷锋、争做郭明义式员工"、"争创郭明义文明岗位、文明机台"等活动，营造全员学习、岗位学习、党员干部带头学习的良好风尚。强化团队拓展，目前，仅在鞍钢，就有郭明义爱心团队300多个分队、近4万名职工加入。2012年3月4日，117家中央企业成立了郭明义爱心团队，使全国郭明义爱心团队的数量达到了400余支，志愿者总数超过70万人。强化阵地建设，在齐大山铁矿创建了以展示郭明义等一批道德模范事迹为重点的鞍钢职工道德培育基地。在郭明义爱心工作室，建立了先进事迹资料展示室、放映室、档案室，展出各种实物2000多件。强化舆论引领，在《鞍钢日报》、《鞍钢政工研究》和《鞍钢》等报刊上，刊登郭明义先进事迹及学习郭明义相关报道、文章1000多篇。编辑了《时代先锋郭明义》、《当代雷锋郭明义》、《郭明义的故事》等读物和音像制品，组织鞍钢文学艺术爱好者创作了文学、书法、美术、摄影、歌曲、短剧等作品3000多个。强化网络宣传，指导协助郭明义在新浪网上开通了"鞍钢郭明义"微博，短短一年多时间，关注他的粉丝就超过1100万人，进入新浪微博名人排行榜前50位，使其社会影响更加广泛。在鞍钢集团官方网站、官方微博上，全面介绍了郭明义同志的先进事迹。通过开展"网上学习郭明义、倡导新风树正气"活动，建立起了学习的新平台。

3. 创新载体，全面深化。鞍钢党委每季度举办一期"郭明义论坛"，围绕不同的主题开展专题讨论活动，覆盖职工超过6万人次。通过鞍钢党建思想政治工作研究会，开展学习深化郭明义、蒋东明等鞍钢英模人物的专题研究，已发表理论研究成果60多篇。为郭明义等先进人物举办了党的创新理论专题学习班，帮助他们系统学习党的路线方针政策，进一步提升其理论修养水平。重新组建了鞍钢郭明义先进

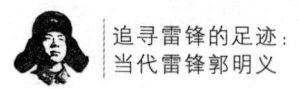

事迹报告团,报告团在全国各地作巡回报告120多场,直接听众超过40万人。在学习活动中广泛选树先进典型。鞍钢矿业公司齐大山选矿厂一选车间党支部书记张伟同志,2012年7月与外地一名25岁的男性白血病患者配型成功,成为鞍钢第七例造血干细胞成功捐献者,鞍钢党委领导亲自出席捐献欢送仪式并讲话。前不久,年仅58岁的鞍钢退休职工、郭明义的工友曹贵德不幸患病离世,按照他生前签署的公证书,他成为郭明义爱心团队鞍山地区第一位捐献眼角膜、器官和遗体志愿者,鞍钢党委安排专人全程负责他的善后事宜,并为他举行了隆重的遗体捐献仪式。

4. 大力支持,积极配合。大力支持上级组织在学习宣传郭明义先进事迹方面开展的工作,为其创造有利条件。两年来,鞍钢接待了中央和省级媒体80多家、100多批次、400多名记者相关采访活动。其中,新华社记者30多次来访,中央电视台有6个频道、10多个栏目50多名记者来访。承办了上级组织在鞍钢举行的学习郭明义先进事迹座谈会、研讨会、观摩会及各种参访活动30多次、1200多人。两年来,郭明义同志出席了中央纪念建党90周年大会和大型文艺演出、全国道德模范颁奖典礼、《感动中国》颁奖典礼、中央电视台春节晚会、"郭明义精神五进活动"等重要活动,每次鞍钢都安排具体部门和专人做好筹划配合工作。鞍钢还出资支持电影《郭明义》的拍摄,组织700多名群众演员参加演出。全力支持话剧《郭明义》在鞍钢采风和实景拍摄,为其成功首演并在全国巡演做出了积极的贡献。两年来,共为全国各地的宣传部门、新闻媒体、志愿者组织无偿提供反映郭明义事迹的各种文稿、影像、实物资料等1600多件次。

四、打造英模辈出、典型引路的企业文化,为鞍钢集团做强做优提供了强大的精神力量

近年来,通过广泛深入开展向郭明义学习活动,促进了鞍钢生产经营改革改造的健康发展,有力提升了干部职工的敬业爱岗意识和道德修养水平,拓展了鞍钢文化和品牌的影响力,增强了科学发展的能力和水平。

（一）通过开展学习活动，调动了全员敬业爱岗、争创一流的积极性

鞍山钢铁集团公司与攀钢集团有限公司实现战略重组成立鞍钢集团公司后，产业集中度进一步提高，两年来，通过大力调整产业结构，推进国际化运营，使集团布局更趋合理，资源优势进一步凸显，市场竞争优势显著增强，企业发展实现了历史性突破，生产规模、营业收入等跃上新台阶。2011年，鞍钢集团生产铁3052.45万吨，钢2975.04万吨，钢材2796.27万吨，实现营业收入1557亿元人民币，实现了跨越式发展。年初以来，面对国家宏观调控不断深化，国际国内市场需求低迷，钢铁产能过剩，全行业普遍亏损的严峻挑战，鞍钢广大职工依靠"推进变革创新、提升竞争优势"的不懈努力，降本增效、扭亏为盈攻坚战取得了阶段性成果，一举扭转连续亏损的被动局面，5月份盈利4.33亿元。

（二）通过开展学习活动，调动了全员助人为乐、无私奉献的积极性

两年来，在郭明义同志先进事迹的感召下，敬业奉献、创新进取、向往崇高，日益成为鞍钢广大职工的自觉追求。目前，鞍钢干部职工已有9万多人次参加了义务献工、突击会战，为战胜困难挑战、实现扭亏增盈做出了积极贡献。有4万多名干部职工参与了郭明义爱心团队的奉献活动。两年来，鞍钢郭明义爱心团队的志愿者共为困难职工、困难学生群众捐款130多万元，无偿献血110多万毫升，在鞍山市多次挽救危重病人的紧急输血、输血小板的过程中，每次都有鞍钢职工的积极参与奉献。捐献造血干细胞样本2000多例，其中，在鞍山市已经成功配型的9名捐献志愿者中，有8名来自鞍钢，捐献遗体器官志愿者1100多名，其中两人完成了捐献，参加红十字志愿者急救队、服务队3700多名，1800多人加入新浪微博"郭明义爱心团队微博群"，参与文明上网、倡导新风的活动。中央宣传部领导称赞鞍钢是国内各大企业中志愿者比例最高、最具爱心的企业。

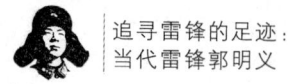

追寻雷锋的足迹：
当代雷锋郭明义

（三）通过开展学习活动，调动了全员践行社会主义核心价值体系的积极性

通过大力宣传郭明义先进事迹，引领鞍钢广大职工特别是共产党员争做践行社会主义核心价值体系的生动实践者、广泛传播者、领航先行者，两年来，共设立集团公司级"共产党员"工程107项，16982人参加活动，其中职工群众8000多人、创效5623万元。在"温暖送万家"党员干部大走访活动期间，1万多名党员干部共走访3万多名职工群众，发放慰问金1480万元。两年来，涌现出文明单位240多个，文明集体1200多个，各级各类先进典型人物3800多人。在郭明义精神感召下，许多80后、90后职工成为学习活动的生力军，涌现出100多名郭明义式的青年标兵。两年来，有16000多名职工申请加入党组织。广泛开展了"明义精神在身边、在岗位"活动和评比学习郭明义活动先进典型、精神文明建设标兵、道德模范之星等活动，形成了人人学习郭明义、人人身边有典型的生动局面。

（四）通过开展学习活动，丰富和发展了鞍钢文化、提升了鞍钢品牌的影响力

通过开展学习郭明义活动，使鞍钢深厚的文化底蕴得到充分挖掘和展现。"创新、求实、拼争、奉献"的鞍钢精神，在一代代鞍钢人的身上得到了完美的阐释和传承。随着学习活动的深入开展，鞍钢品牌的影响力和美誉度得到显著提升，从郭明义和郭明义爱心团队的感人事迹中，许多人对鞍钢有了新的认识、新的理解。两年来，仅中央和省级媒体就刊发反映郭明义和爱心团队先进事迹的报道1170多篇，其中中央电视台《新闻联播》就发出报道50多条，到鞍钢来采访的各级新闻媒体，几乎没有间断过。

两年多来，中央文明办、全国总工会、中国红十字会、国家审计署、辽宁省委、沈阳军区等领导多次到郭明义同志的家中和岗位上看望他，中国航空集团、中国通用技术集团、中国神华集团等中央企业的领导和志愿者到鞍钢与郭明义座谈，北京大学、中山大学、华中师范大学、哈尔滨工业大学等国内近百所高校的1200多名大学师生到郭明义

的岗位进行假期社会实践，中央电视台总编室、《新闻联播》编辑部30多位领导和编导集体到郭明义的岗位进行"走、转、改"采风，更有来自全国各地的志愿者组织和志愿者，不远千里到鞍钢拜访郭明义。通过对郭明义的宣传报道，鞍钢精神、文化、品牌、标识，得到广泛的宣传。许多鞍钢的同志外出后，都有这样的体会，只要说到鞍钢，就会说起郭明义；只要看到鞍钢的工作装和标识，大家就会说，你和郭明义是一个单位的。据不完全统计，两年来，到鞍钢视察调研上级领导、学习参观的各界人士超过1万人，鞍钢文化正在更广泛的传播中展现出新的活力。

最后，简要介绍一下鞍钢今后打造以学习郭明义活动为主线的英模辈出、典型引路特色企业文化的工作思路。

1. 把深化学习郭明义活动，作为一项全局性、长期性的重大政治任务抓实抓好。作为不断发展的全国重大典型，郭明义每天工作、生活在鞍钢，既是鞍钢的骄傲和荣幸，也使我们肩负着重大的责任。我们将站在党的事业发展全局的高度，充分认识弘扬郭明义精神对弘扬雷锋精神、对构建社会主义和谐社会、对践行社会主义核心价值体系的重大意义。要切实做好对他的爱护和发展工作，关心他的工作、学习和生活。强化郭明义爱心工作室建设、组建郭明义敬业奉献团队、拓展郭明义爱心团队、总结学习活动经验、选树先进典型等。继续做好"郭明义论坛"、报告会、座谈会、事迹巡展、图书编撰等重点工作，使学习活动形式多样，内容丰富，成效显著。

2. 建立长效机制，推动学习活动持续深化。充分发挥郭明义精神研究会的作用，作为深化学习活动的主体，为推动学习活动奠定坚实的理论基础。

加强郭明义敬业奉献团队和爱心团队建设，是引领广大干部职工在立足岗位、争创一流、奉献爱心、服务社会中开展学习活动的广阔舞台。为此，要在鞍钢集团、各二级公司、厂矿、车间（作业区）和班组、机台，分层次成立郭明义敬业奉献大队、分队和活动小组，使每名干部职工都参与到"岗位学习郭明义、人人争先创一流"活动的实践

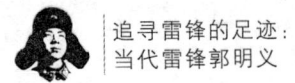

中来，促进学习活动的全员化、岗位化和常态化。加强郭明义爱心团队建设，制定清晰的发展目标，建立完善的工作制度，强化对全国各地爱心团队的组织、协调与管理，不断创新平台载体、机制方法，引导和推进爱心团队的持续壮大、健康发展。

3. 联系实际，创新思路，促进学习活动卓有成效开展。要紧密结合鞍钢当前面临的严峻形势和挑战，贴近职工的思想和工作实际，将学习郭明义活动焕发出的巨大热情，转化为立足岗位、争创一流工作业绩的实际行动，要将学习活动与降本增效、扭亏增盈中心工作结合起来，与开展创先争优活动结合起来，与开展学习蒋东明活动紧密结合起来，与弘扬鞍钢精神、鞍钢文化结合起来，形成全员参与企业改革发展、群策群力共克时艰的生动局面。

4. 强化组织领导，抓好工作落实。鞍钢各级党组织深刻认识开展学习郭明义活动的重大意义，精心组织，认真部署。党政主要领导亲自抓，各级党员领导干部带头学，为职工群众做出表率、树立标杆。在本单位建立郭明义敬业奉献团队和爱心团队的组织领导体系，开展经常性的学习活动，与强化"四好班子"建设结合起来，与加强思想政治工作、企业文化建设、精神文明建设有机结合起来，与转变机关作风建设结合起来，通过深入开展向郭明义同志学习活动，激发全员敬业爱岗、无私奉献、争创一流工作业绩的巨大热忱，为鞍钢克服当前困难、实现扭亏增盈目标，不断做强做优提供强大精神动力，以优异成绩迎接党的十八大胜利召开。

（作者系鞍钢集团公司党委宣传部、企业文化部部长）

为构建和谐社会提供强大精神力量
——从挖掘"当代雷锋"郭明义事迹反思主流媒体的报道职责

马 义

郭明义是新华社挖掘的重大典型人物,新华社辽宁分社最近两年跟踪报道郭明义也做了大量工作。在这一过程中,我们深深感受到推出党和人民所需要的重大典型,对构建和谐社会的意义;作为新闻工作者,也深深感受到主流媒体对宣传、弘扬时代主旋律的价值。

很多人都知道,新华社是国家通讯社,是党和人民的耳目喉舌。全国各地每天发生的重大事件、敏感问题、先进典型和经验做法,新华社都会通过内部稿件直供中央,供领导决策参考。

2010年8月1日,在辽宁分社记者采写的《"雷锋传人"郭明义播撒爱心助人解难感动钢城》一稿上,胡锦涛总书记作出重要批示,从而使郭明义事迹走出鞍钢,走向全国。

郭明义事迹创造了新华社报道的多个记录。一是批示规格之高,二是批示领导之多,三是社会反响之大,都是以前的先进典型所没有过的。据我们统计,除了总书记批示外,还有李长春、王兆国、刘云山、李源潮、郭伯雄、徐才厚等6位政治局领导在新华社稿件上作出批示,有的领导还就如何宣传、学习做了多次批示。经过最近两年连续不断的新闻宣传,郭明义事迹已是家喻户晓,成为全国人民学习的榜样。

回顾新华社记者挖掘、报道郭明义的过程,可谓一波三折。鞍钢是一块英雄辈出的热土,郭明义在最基层岗位上做好事已达30年。早在2008年,新华社辽宁分社记者陈光明、王炳坤就在采访中发现了这名

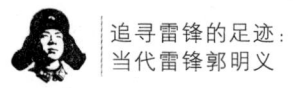
追寻雷锋的足迹：
当代雷锋郭明义

工人劳模，并一直关注其成长。

郭明义是一个相当全面的典型人物，既有爱岗敬业、在任何岗位都作出突出业绩的一面，也有奉献社会，为各种弱势群体排忧解难的一面。可以说，郭明义的事迹太多、太杂，如何对他进行定位，如何把他最大的闪光点浓缩在两三千字的文章内，一度让我们苦苦思考。直到2010年夏天，中央大力提倡社会管理创新与和谐社会建设，我们结合时代和形势需要，才为如何报道郭明义辨明了方向。

——我们把郭明义的事迹放在改革开放发展新时期新阶段来观察思考，发现他身上体现的雷锋精神具有鲜明的时代特色，他扶危解困，热心帮助每一个身陷困境的人们，他像一团火温暖着人们。这不正是我们这个社会需要大力弘扬的道德吗？

——我们把郭明义的事迹放在社会发展转型的时代背景下来观察思考，发现他给那么多濒临绝望和无助的家庭带来新的希望，化解了那么多社会矛盾。这不正是社会建设中需要大力倡导的新时期雷锋精神吗？

——我们把郭明义的事迹放在正在大力推进的社会主义核心价值体系建设来观察思考，郭明义没有什么惊天动地的事迹，他从身边小事做起，他的人格力量感动了无数追随者，成为引领钢城浩然正气的一面旗帜。这不正是和谐社会所需要的强大精神力量吗？

基于这些思考，我们决定把郭明义作为凝聚时代特色的"雷锋传人"来精心构思、精心写作，最终打动了中央领导。

郭明义成为全国典型后，新华社的工作并没有结束，而是通过持续的跟踪报道，让郭明义事迹为更多人了解、知悉，通过我们的笔墨，让郭明义在感动我们的同时，感动更多世人。最近两年来，新华社辽宁分社累计播发郭明义报道200多篇，这里面既有单篇上万字的长篇人物通讯，也有郭明义第一天开通微博的动态报道；既有郭明义在家做饭、扫地的生活镜头，也有全国数十万爱心团队成员集体献爱心的恢弘场面。

几年来，我们见证了郭明义从默默无闻到闻名全国，从带动工友到影响全国，从成长到成熟的全过程。在这一过程中，我们对媒体如何弘扬社会主义主流价值观，有不少体会。

一是主流媒体记者只有想中央领导之所想，回应社会百姓的期望和关切，才能挖掘出具有时代价值的重大典型。我们常常反思，一篇人物报道何以引起中央那么多领导同志高度关注？何以在广大干部群众中激起如此强烈的共鸣？

中国经过30多年的改革开放，经济社会发展已经进入新的时期，社会发展的阶段性特征十分突出，社会矛盾日益激化，利益协调难度日益增大，近年来发生的一些社会事件，暴露了矛盾的新特点，再一次警示我们必须加强以民主、民生建设为主体的社会建设。

正是在这种背景下，深入宣传郭明义的意义显得尤为重要，社会的冷漠现象需要温暖融化，社会矛盾需要无数热心人来化解，正如胡锦涛总书记所言，我们的社会需要千千万万郭明义这样的人物"为构建和谐社会提供精神力量"。

二是主流媒体应开辟专门平台，将宣传真、善、美常态化，坚决抵制低俗、庸俗、恶俗新闻，为引导全社会的清新和谐之风作贡献。两年来，我们对郭明义的很多重大活动，学习郭明义的重大时间节点，都进行了跟踪报道。通过主流媒体的持续、大量报道，郭明义从一开始人们的质疑、不相信，变成越来越多人很信服，自觉加入爱心团队，形成一股全国学习的风潮。

这让我们对媒体职责进行反思。近年来一些媒体为追求收视率、为迎合读者，大搞三俗新闻，对社会总体情绪走向浮躁化、偏激化、逆反化有着不可推卸的责任。事实上，对真、善、美的期望才是人民大众心底最真挚的呼声。近几年无论是郭明义报道，还是最美教师、最美司机等社会草根人物，都引发强烈反响。因此，主流媒体还是应当坚定不移走正面引导之路。

三是学习郭明义，要心动更要行动，要宣传，更要做好组织、动员，让更多人参与到实际行动中来。写典型，学典型，新华社辽宁分社近年来在报道郭明义事迹中，也出现了一批学习郭明义的铁杆粉丝。分社记者王炳坤作为郭明义事迹的挖掘者，现在成了郭明义与很多救助对象之间的联络员，帮助郭明义核实求助对象的身份，帮助运送救助物资，他个人捐款就达上万元。2011年8月，新华社辽宁分社记者在采访中了解到一名贫困大学生身患重病，立即帮这名大学生向郭明义求助，辽宁分社团支部并跟随郭明义前往医院看望、捐助这名大学生。

近年来，中央宣传部、辽宁省委发起了多项学习郭明义活动，我们期待着在报道之余，学习郭明义也能有组织、有动员，研究郭明义精神也能常态化，让郭明义精神带给我们更多、更大的财富。

（作者系鞍钢集团公司郭明义精神研究会副会长，新华社辽宁分社社长、高级记者）

我们的时代究竟需要什么样的精神

艾四林

任何一个时代，都有它的记忆，更准确地说是它的精神记忆。也许物质的记忆我们会逐渐淡忘，但精神的记忆往往更长久。一个精神的记忆，通常都会通过一些标志性的符号、一个名片来唤起、来强化、来延续。我们作为20世纪60年代出生的这一批学者和同志们，都不会忘记曾经激励我们不断成长的雷锋精神。雷锋就是我们那个时代的标志、名片和符号。我们唱着《学习雷锋好榜样》这样的歌曲、读着雷锋的故事成长，不断地把雷锋的故事讲给我们的家人、我们的孩子去听。为什么这样？因为这是时代精神的反映，他体现了那个时代人的追求，反映了那个时代人们的精神境界。我们现在这个时代和雷锋那个时期相比，已经发生了非常大的变化。我们的时代，又是一个什么样的时代？我认为至少要有这样几点认识：

我们的时代是一个改革开放的时代，是一个新的时期。党的十一届三中全会拨乱反正，把"以阶级斗争为纲"转为"以经济建设为中心"。从此，中国拉开了改革开放的大幕。我们对社会主义、对社会主义精神文明、物质文明，有了更多、更深层次的理解。改革开放30多年来，正是因为有了这样的思想解放，有了让一部分人先富起来的政策，有了以经济建设为中心的基本国策，使得我们在物质建设方面取得了举世瞩目的成就。世界排名第二这样的经济地位，足以说明改革开放的成功。

不可否认，改革开放30多年来，在我们以经济建设为中心、大力发展生产力的过程中，不可避免地也会带来思想观念方面的深层次的变

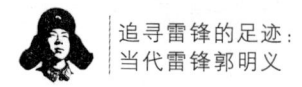

化,特别是唯物质主义的这种观念基本上渗透到了我们思想的方方面面。追求物质、追求物质享受,是这个时代非常明显的特征。因此,在这样一个发展时期中如何保持我们的精神不失落,保持我们的信仰不丧失,是我们面临的一个重大挑战。为此,在党的十七届六中全会的决定里面强调了"物质贫穷不是社会主义,同样,精神的贫乏也不是社会主义"。

我们的时代是一个全球化的时代。在这样一个全球化的时代搞建设和20世纪六七十年代关起门来搞建设、关起门来搞精神文明建设是大不一样的。全球化的时代,就意味着利益和风险并存。我们的精神文明建设也是这样。在当今世界上,西方价值观的影响是非常巨大的。西方价值观的强力渗透,对我们来讲是一个极大的挑战。如何与西方意识形态争夺我们的道德话语权,争夺道德的高地,这是我们必须要解决好的重大问题。西方一位政要曾说过这样一句话:"中国并不可怕,因为它只是一个追求物质富裕的国家。"不错,追求物质富裕当然是我们的目标。但如果我们仅仅把目标定位在追求物质富裕,则是远远不够的。一个物质富裕的社会,不是一个最理想的社会,一定要相伴随着高度的精神文明。如果缺少这个,我想物质富裕是大打折扣的。在这个全球化的时代,我们和西方竞争,既是物质的竞争,也是精神的竞争。我们每一个人,都应该有这样一种责任,有这样一个义务,去担当中华民族的形象大使。

2012年中发生的羽毛球被禁赛的事情,大家都在谈论。如果从规则来讲,固然我们无可指责。我们可以利用这种规则,来做我们应该做的事情。就如同法律所没有禁止的事情,我们来做都是合法的,但并不见得是合理的事情。作为一个负责任的大国,作为一个大国的公民,不仅仅要想到的是法律所允许的事情,做规则所允许的事情,更多的应该看到,如何发挥大国在道德领域、在道德高地方面的引领和示范作用。这是给我们的一个重要启示。

同样,我们的时代也是一个现代化进程不断加深的时代。那么,在这样一个进程当中,很容易出现传统和现代之间的一种断裂。或许人们说，既然我们是现代化的一个社会，传统的东西仿佛就和落后画上了一个等号。我不这样认为，传统的并不意味着是落后的，传统之中有很多精华的东西，很多不能抛弃的东西。我们是一个有着五千年文明史的国家，这是所有西方国家所无法比拟的。我们通过各种方式，在传承着我们传统中的很多东西。或许在一些经济的层面，看到的并不一定是那么多。但是，在我们的日常生活当中，在我们的生活世界里面，我们一定能看到传统文化、传统道德的东西。在这方面，郭明义所表现出的，就是一个生活化的典型。他是一个顶天立地的英雄，他是非常生活化、平民化的，他就在我们生活的世界当中。中国，作为一个文化的大国，如何走向一个文化的强国？在现代化的进程当中，我们应该深挖郭明义精神，来提升我们这个国家文化的软实力，从而建构起传统和现代之间的桥梁。

我们的时代，既然是一个伟大的时代，必然要呼唤、孕育、锻造伟大的精神。而伟大的精神，在很大程度上是通过高尚的道德境界来体现的。我看到郭明义同志的一篇发言，他说过一句话："我所敬畏的有两样东西，一个是天上星星，一个是内心的道德。"的确是这样，我们这个时代，确实需要高尚的道德。那么，一种高尚的道德，一种伟大的精神，应该具备一个什么样的特质？我想，他至少应该具备这样的特征：

第一，它应该是时代性和先进性的统一。什么是时代性，它必须是这个时代的记忆，具备这个时代的特征，和时代的特征紧密结合在一起。那么，任何一种超前的、滞后的，都不是这个时代所需要的。但在和时代特征相吻合的同时，如何能够建设和保持它的体系，这是需要我们认真思考的。

第二，它应该是典范性和广泛性的统一。从郭明义精神这一点来讲，我觉得他做到了这一点。一个道德模范，一个时代精神的符号，他是具备典范性的。在某种程度上，在一定的意义上，它也具有某种不可复制性。因为每个典型，都具有自己的特征，有自己成长的规律，有自己成长的轨迹，从这个意义上来讲，它具有不可复制性。但另一方面，正因为他代表这个时代的声音，代表这个时代的发展趋势，我想他又是

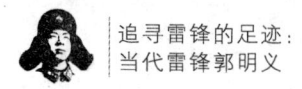
追寻雷锋的足迹：
当代雷锋郭明义

可以复制的。因为他具备广泛性，特别是像郭明义这种生活当中的雷锋，生活中的楷模，他更加贴近我们的生活，贴近我们的百姓，所以才是可亲、可敬、可学的。

我们的时代，确实是一个需要伟大的精神，也能够锻造伟大的精神的时代。当然，一个时代精神的产生，一个道德模范的出现，固然和一个时代大的背景紧紧联系在一起的。但同时，也和他生活的小环境紧紧联系在一起。就像刚才几位专家提到的，鞍钢是一块热土。在这个地方，孕育了大量的模范人物，特别是道德模范，从雷锋到郭明义。这给我们很多的启示：我们现代的企业，如何去担当？随着中国市场经济的不断地推进，会带来中国社会结构的巨大变化。我们国家的改革开放，从当初的以"阶级斗争为纲"，逐步转向以经济建设为中心。在这个过程当中，必然会发生社会结构的深层次变化。也就是说，企业将在社会当中扮演最中心的、最主要的作用，这是社会发展的一个大趋势。一个企业，它的担当，包括道德的、文化的、政治的各个方面，西方的发展路径已经说明了这一点，中国的现代化路径仍将继续说明这一点。还有社会的道德风尚，以前中国的企业很关注道德。我想，今天我们的发展，社会的风尚更需要企业的精神、企业员工的面貌，它会成为我们这个社会最基础的、最根本性的东西。因此，企业、企业员工要主动成为社会道德的引领者。以前，大家都认为知识分子应该成为社会道德的引领者，我认为，知识分子应该承担起社会道德的概括、提炼、升华，真正的道德引领者，还应该是人民，应该在人民群众当中，特别是在企业当中，尤其是国有企业当中，这也是我们国家和西方社会一个根本性的区别。企业的精神，通过企业的文化来辐射和引领整个社会的风尚，这是我们的企业，特别是国有企业所不能放弃的使命和责任。

鞍钢有近百年的历史，它所积淀的深厚的文化和企业的精神，在当代被赋予了更多的内涵，实现了新的发展，这是鞍钢能够英模辈出的一个重要原因。郭明义精神现在已经走出了鞍钢，推向了全国，如何把这种精神研究深入，真正让这种精神能够可持续、不断发展，这是这个研究会的一个非常重要的使命。作为其中的一员，我也有责任不断加深这方面的研究，争取做一些有益的事情。生活在世界上，正像一个国家一样，不单是通过财富来做标志，更多的是通过它的精神。一个人的地位，不在于财富的多寡，更在于境界的高低。郭明义精神超越了自我。一个人活着，他不仅是为了自己，更主要是为了他人。在为他人服务当中，为社会作贡献当中，来体现自己的人生价值。每一个人，不可能是那么纯粹，也不可能是那么崇高，但是，追求纯粹、追求崇高，是人与动物的根本区别。我记得一位哲人曾经说过，我们每一个人，仿佛是处在一个桥梁的两端，桥梁的一端是神，另一端是动物，我们不可能放弃人的追求，而沦落为纯粹的动物，或许，我们也不能真正成为神，我们就是一个人，一个有血有肉的人。我们不可能放弃对崇高的追求，对纯粹的追求，对真善美的追求。我记得有一位领导曾经说过，爱是一切道德的基础。或许这并不全面，但正是我们当今社会所缺少的。郭明义精神，给人们的启示，就是只要我们每一个人，真正地付出你心中的爱，你就会快乐，快乐就在身边，我们每一个人都可以做到。正像一首歌所唱到的那样，只要人人都献出一点爱，我们的世界就会变得更加美丽，就会更加光明，更加灿烂。我想，郭明义精神或许给我们就是这样的启示。

（作者系鞍钢集团公司郭明义精神研究会副会长，清华大学高校德育研究中心主任、马克思主义学院常务副院长，博士生导师、教授）

下 篇

郭明义精神研究

郭明义的成长道路和时代精神

陈立波

从 2010 年起，一个响亮的名字传遍祖国大地，成为家喻户晓、有口皆碑的英模人物。他，就是鞍钢集团公司的郭明义。

2012 年 5 月 22 日作者与郭明义在沈阳合影

郭明义，1958 年 12 月 17 日出生，辽宁省鞍山市人，1977 年 1 月参军，1980 年 6 月入党，1982 年 1 月复员到鞍钢矿山公司齐大山铁矿（位于鞍山市千山区）工作，先后任矿用大型生产汽车驾驶员、车间团支部书记、矿党委宣传部干事、车间统计员兼人事员、矿扩建工程办公室英文翻译、企业科员、采场公路管理员、矿生产技术室工程师、预备

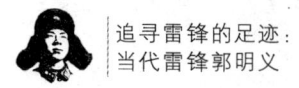
追寻雷锋的足迹：
当代雷锋郭明义

役某部少校军官等。在 2012 年 11 月召开的中国共产党第十八次全国代表大会上，郭明义作为全国唯一来自经济建设第一线的工人当选为中央委员会候补委员。

郭明义获得过许多的荣誉：所在部队学雷锋标兵、鞍钢先进生产者、精神文明建设标兵、优秀共产党员、劳动模范、鞍山市道德模范、特等劳动模范、辽宁省道德模范提名奖、"希望工程"突出贡献奖、辽宁省五一劳动奖章、全国无偿献血奉献奖金奖、全国红十字志愿者之星、中央企业优秀共产党员、全国五一劳动奖章、全国道德模范、"当代雷锋"等。同时，他又是遍布全市、全省、全国的近千个郭明义爱心团队的"扛旗人"。

2010 年 8 月，胡锦涛总书记作出重要批示：郭明义同志是助人为乐的道德模范，是新时期学习实践雷锋精神的优秀代表。要大力宣传和弘扬郭明义同志的先进事迹和崇高品德，为构建社会主义和谐社会提供强大精神力量。

2012 年 3 月 2 日，中央精神文明建设指导委员会授予郭明义同志"当代雷锋"荣誉称号。

由此，郭明义成为继雷锋之后，获得党和国家最高政治荣誉、社会荣誉的先进典型。

一、郭明义的成长道路

（一）从英雄的部队起步

从 1977 年 1 月到 1982 年 1 月，郭明义当兵 5 年，先后种过菜、喂过猪、做过饭、开过车，干的全是脏活、累活、苦活。在每一个岗位上，郭明义都干得非常出色。入伍第二年，他被评为全师的"学雷锋标兵"。1979 年 3 月，云南某地发生地震。郭明义听到广播之后，悄悄到邮局给地震灾区汇去了 100 元钱（当时，这些钱几乎是郭明义差不多一年的津贴费）。直到后来地方找到部队表示感谢时，连队才知道这件事。

1980 年 4 月，他被师党委命名为优秀共青团员，在当时全师 1 万多名官兵中,仅有17人入选,可谓千里挑一。同年6月,他在30多名同年入伍的战友里,第一个加入中国共产党。1981年,他被评为全师的"红旗车驾驶员"、"师后勤学习雷锋积极分子"。他还先后5次获得各级嘉奖。郭明义是又红又专的好战士,1978年在参加全师驾驶员培训考核的大比武中,他夺得了理论和操作的"双料冠军。"

刚入伍时的郭明义

(二) 在沸腾的鞍钢锤炼

郭明义从部队复员回到鞍钢工作30年来,在齐大山铁矿先后从事过6个不同的工作:

——在当大型矿石转运车司机时,他创造了单车年产的新记录;

——任车间团支部书记期间,他所在的支部成为全矿的标杆;

——在宣传部任理论教育干事时,他撰写的党课教案在矿业公司评比中获得一等奖;

——在车间做统计员兼人事员期间,他参加了统计员资格全国统考,是当时矿业公司唯一获得资质证书的人;

——在齐大山铁矿担任电动轮大型矿石转运车的现场组装英文翻译兼驾驶员,一次他发现进口的5台电动轮存在质量问题,最终让外方心服口服地赔偿了10万美元。

——从1996年开始担任采场公路管理员以来,他每天都提前两个小时上班,在17年的6000多天里中,累计献工15000多小时,相当于多干了五年的工作量。

如今,郭明义在鞍钢工作已经30多年,他用一串串闪光的足迹,谱写着在一个个平凡岗位上"当代雷锋"的辉煌。

(三) 在多彩的社会升华

郭明义他不仅是爱岗敬业的模范,而且他的爱心活动范围和影响,已经覆盖了鞍山市、辽宁省乃至全中国:

郭明义在工作现场

1. 郭明义是献血模范；
2. 郭明义是助学标兵；
3. 郭明义是工友的好兄弟；
4. 郭明义是爱心大使；
5. 郭明义是通过"微博"点燃爱心、已经拥有1600万"粉丝"的播火者。

如今，多种形式的"郭明义爱心团队"遍布全国城乡。"伸出你的手臂，汇成爱的森林！"郭明义播撒和传递的爱心火种，如同星星之火，正在燎原中华大地。

二、郭明义的时代精神

胡锦涛总书记的重要批示，深刻阐明了郭明义时代精神的内涵：

第一，是助人为乐的道德模范；

第二，是新时期学习实践雷锋精神的优秀代表。

李长春同志强调，深入开展向郭明义同志学习活动，学习他始终保持共产党人的政治本色，坚持全心全意为人民服务的坚定理想信念；学习他的新时期传承和弘扬雷锋精神，艰苦奋斗、无私奉献的高尚道德情操；学习他热忱为他人排忧解难，用真情化解矛盾、促进社会和谐的崇高精神境界。

这"三个学习"是对郭明义时代精神的高度概括。

那么，如何概括郭明义的成长之路和人生足迹呢？我认为可以用这样一个公式：

学做好人起步＋当代雷锋传人＋爱心团队创新＝郭明义

郭明义说："雷锋对我的影响非常大。他让我知道了一个答案，就是什么才是好人，怎样做才能成为好人。"

郭明义的力量，是雷锋精神的力量，是雷锋精神的传承。

三、郭明义成为"当代雷锋"的启示

郭明义之所以成为"当代雷锋"，绝非偶然。鞍钢在20世纪50年代出现了王崇伦、孟泰，60年代出现了雷锋，新世纪又出现了郭明义，同样绝非偶然。

人生关键处，往往就几步。

（一）"伯乐识珠"

1977年1月，时任鞍山军分区副政委的老红军余新元，把他鼓动、推荐和帮助入伍的郭明义送上了运送新兵的专列。临行前，来自鞍钢的200多名新兵在鞍山火车站举行庄严的出发仪式，郭明义代表全体新兵发言。1960年1月，同是这位老红军，把鞍钢弓长岭焦化厂的一个小伙子送上了军列，这位新兵也是新兵代表，在大会发言，他的名字叫雷锋。

余新元当初可能不曾想到，这俩小伙竟然一前一后都成长为感动中国的人物。可以说，余新元是郭明义的第一位"慧眼伯乐"和第一位"领进门"的高人、名师。

（二）"部队大学校的培育"

郭明义当兵所在的部队——沈阳军区23军67师，是一支具有光荣革命传统的英雄部队，从淮海战役、抗美援朝，到珍宝岛自卫反击作

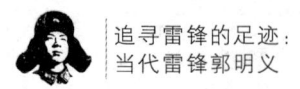
追寻雷锋的足迹：
当代雷锋郭明义

战,从枪林弹雨的战争年代到和平建设时期,这支部队涌现出"英雄儿女""向我开炮"的"王成"原型蒋庆泉、"爱民模范"金遗华、"人民的好儿子"——舍身拦惊马救儿童的刘英俊、战斗英雄杨林等一批闻名全国全军的英雄模范人物。

郭明义在这个"作风硬朗,战斗力强,是军、师主力团"里当兵整整5年,其中刚入伍之后的第一个连队又是"钢铁英雄连",天天耳熏目染先辈和身边的英雄模范,无疑是他成长进步的一所"大学校"。他曾经这样回忆道:在"钢铁英雄连",也就是一营一连,我参观了连史陈列馆,一面面被献血染红的旗帜,一件件英雄留下的遗物,使自己留下了热泪……他说,1977年我入伍时,部队学雷锋活动正如火如荼,雷锋精神在我的心中深深地扎下了根。

存在决定意识,强将手下无弱兵。

(三)"工人世家的熏陶"

父母是子女的第一教师。父母往往决定孩子的一生。

郭明义的父亲郭洪俊是齐大山铁矿的老一辈矿工。1968年,他第一个跳入深水井里抢救一名不慎落井的下乡知青,而作为英雄集体的代表收到周恩来总理的签名请柬,应邀到北京人民大会堂,参加了建国19周年国庆招待会。郭洪俊成为了矿里有名的优秀矿工和先进典型,被评为"辽宁省青年红旗手"、"辽宁省劳动模范",又提升为齐大山铁矿的工会主席。郭明义的母亲叶景兰也是个"老矿山",老人家会一手推拿功夫,经常无偿为矿区百姓治病疗伤,被工友和邻居们称为"热心人"。

郭明义说:"在这样的家庭中成长,从小对我最深的烙印就是要讲感恩、讲诚信、讲仁义、讲付出。"的确,善良、诚实、上进,也是一种基因,也就是老百姓常说的"随根"!

郭明义的妻子孙秀英在鞍山市第四医院工作。20多年来,她对郭明义学雷锋、做好事"成瘾"的"傻事",不仅从来没有说过抱怨的话,而且自己也跟随丈夫加入到义务献血和"悄悄"捐资助学的队伍之中。

家庭是英模人物生活的温馨港湾,"军功章有她的一半!"

郭明义的女儿郭瑞雪,毕业于南京师范大学,现在是中国地质大学的硕士研究生。她说,爸爸就是我的榜样,是我的人生教科书,我会一直读下去!"

郭明义在这样一个和谐的家庭里出生、成长,心里怎能不阳光、怎能不充满爱?

这样一个充满爱心和积极向上的家庭,孕育了郭明义的善良温厚的性格、助人为乐的品质和追求上进的情操。

如果没有父母的言传身教,没有妻子、女儿的理解和支持,很可能就没有郭明义的今天。

幸福快乐的一家人

(四)"鞍钢炉火的热效应"

鞍钢,是共和国工业的"长子"。在那个激情燃烧的年代,涌现出王崇伦、孟泰、雷锋等一大批功臣模范,鞍钢由此被誉为既冶炼钢材又培育人才的"大熔炉"。郭明义所在的鞍钢矿业公司齐大山铁矿,是亚洲最大的露天铁矿,是几千名产业工人集中的国字号企业。

郭明义身上闪耀着当年老一辈鞍钢人的王崇伦精神、孟泰精神、雷锋精神,体现了鞍钢优秀的企业文化。

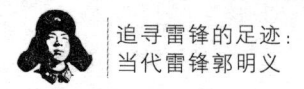
追寻雷锋的足迹：
当代雷锋郭明义

鞍钢，是早在2007年初就发现、发掘、培养和宣传郭明义的赫赫有名的央企；鞍山，是正气浩然、闻名遐迩的英雄城；辽宁，是高举红旗、政治敏锐、善于发掘重大先进典型人物的省份。

一方水土养育一方人。半个多世纪以来，在鞍山这块热土、沃土上，出现了、走出了凝聚中华民族传统美德、中国共产党人高尚情操、工人阶级先进性和社会主义时代精神于一身的王崇伦、孟泰、雷锋、郭明义等一批享誉全国的英模人物，他们是马克思主义中国化的毛泽东思想抚育成长起来的一脉相承、闪烁着时代光芒的平凡而伟大的共和国平民英雄。

时势造英雄。钢铁就是这样炼成的！

四、破解社会认知郭明义和郭明义时代精神的误区

用世俗的眼光打量郭明义，是一个无法解开的方程，因为社会公众存在着不少认知的误区。

误区之一：郭明义连家都不顾，是"傻子"。

非也！郭明义孝顺父母，爱护弟妹，疼爱妻女，是矿里出名的大孝子、好大哥、好丈夫、好爸爸。郭明义每月的工资只有3000元，平日里，他的生活过得简朴至极，不抽烟，不喝酒，但也远非外人想象的那般寡淡无味。他会玩麻将，喜欢"斗地主。"一大家子聚会时，他经常引吭高歌，会一首接一首地唱歌。前几年，郭明义的二弟媳得了重病，他得知后马上拿出6000元钱用于手术急需。

一位市委领导曾经问他：老郭啊，听说你成天往外拿钱拿物，不顾家。郭明义笑着说，我和妻子都有稳定的工作和稳定的收入，家中没有什么额外负担，我家里吃的、穿的、用的都安排得好好的，孩子也考上了重点大学，我们一家人在物质上没有更高的要求，可以力所能及地帮帮那些困难的孩子、困难的职工。还有的同志问他，你是不是不知道孩子上大学读的什么专业？郭明义连连摇头，一字一字地说：我姑娘读的是南京师范大学地理科学学院国土资源管理与规划专业（这个专业是南京师大的六个全国重点学科之一）。

孩子上的是重点大学，读的是重点学科，就业前景又很好，本科毕业后又考上了中国地质大学土地科学技术学院的硕士研究生。有这样的"傻子"家长吗？！

误区之二：郭明义是"大老粗"。

非也！凡是熟悉郭明义的战友、工友都知道，他不仅不傻，而且非常聪明。

许多人只知道郭明义获得了各类荣誉证书60个，却不知他从高中文化起步，凭着自学和进修，先后获得了4个专科证书和1个本科文凭。

无论是当兵，还是当工人，郭明义先后在十几个岗位上工作。他不仅干一行爱一行，而且干一行精通一行，是战友和工友们公认的"行家里手。"比如，他是既懂得大型矿用汽车驾驶和维修，又能熟练运用专业英语交流的罕见人才；他从理论与实践结合入手，制定了《公路、支线、铲窝维护技术标准与考核办法》、《采矿星级公路达标标准与工作流程》等技术标准和工作制度，填补了我国矿业公司采场公路建设的多项空白。同时，郭明义还多才多艺，满脑子"文化细胞"：他会写诗歌，会唱歌，会编颇有哲理的微博短信，特别是文学创作更是他坚持多年的爱好，他最欣赏的诗人是徐志摩。1996年以来，郭明义在《流火》、《鞍钢日报》和矿业公司的报纸杂志上，先后发表100多篇工作、学习的体会文章和散文、诗歌等文学作品。

能文能武，又红又专，热爱生活，懂得生活，是郭明义的一个突出特色和闪光点。

所以，郭明义不仅仅是"郭菩萨"、"大好人"、"活雷锋"，而且还是名副其实的文化人，绝技在身的"高级白领"，有生活情趣的"现代人！"

误区之三，郭明义是"大好人"，但我们没法学他。

非也！郭明义是我们身边的普通人，他信仰坚定、爱岗敬业、助人为乐的所作所为，人人都可以学习，人人都能做得到。但如果没有高尚的品德和坚忍不拔的意志，就很可能是一时一事，因为难在持久，难在

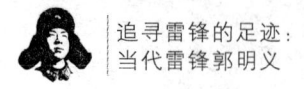

一贯。古代《素书》说,"先莫先于修德,乐莫乐于好善。"我们学习郭明义,不是简单模仿做几件好事,而是要首先学习他怎么做好人,以德立人,然后才是怎么做好事,怎么经好商,怎么行好医,怎么教好书,怎么做好工,怎么做好官……这可不是谁都能做到的。特别是郭明义的可贵之处,在于他默默坚持了30年之久,而不是"五分钟热血"。正如毛泽东同志所说的:一个人做点好事并不难,难的是一辈子做好事,不做坏事,一贯地有益于广大群众,一贯地有益于青年,一贯地有益于革命,艰苦奋斗几十年如一日,这才是最难最难的啊!

五、郭明义时代精神的启示

在物欲横流、金钱至上、浮躁虚伪的世俗风气甚嚣尘上的时候,党中央给予郭明义这位普通工人如此崇高的荣誉,诠释了中国共产党的宗旨和执政理念,展示了一代领导人的政治智慧,这就是弘扬主旋律,传播正能量,高唱正气歌!

"当代雷锋"郭明义的横空出世,是一股沁人肺腑的强劲清风和振聋发聩的黄钟大吕,是引领人们特别是年轻一代对人生观重新定位和校对的坐标,也是社会主义主流价值观的回归和认可。

1.《中国共产党章程》明确告示,中国共产党是中国工人阶级的先锋队,同时是中国人民和中华民族的先锋队。中国共产党党员是中国工人阶级的有共产主义觉悟的先锋战士。党的十八大报告中重申全心全意依靠工人阶级,是我们党的性质、宗旨决定的,任何时候都不能动摇。无论是革命战争年代,还是和平建设时期,工农兵永远是我党全心全意依靠、最可信赖的中坚力量。

2. 中华民族是崇尚英雄的民族,中国共产党是推崇和敬重英雄的政党。一个党、一个国家、一个军队、一个民族,只有崇尚英雄、崇尚模范、崇尚荣誉,并形成浓厚氛围,才能英雄辈出,模范辈出,才能永远立于不败之地。否则,就不可能夺取政权,也不可能巩固政权,甚至亡党亡国。无论时代如何变化,"学英雄思想、走英雄道路、创英雄业绩、塑英雄形象",应当也必须是我们党、我们国家、我们民族的核心价值观和精神主体!

3. 学习郭明义,可以使人们懂得怎样树立人生目标,怎样做一名无愧于时代的职工;宣传郭明义,可以使领导者领悟育人兴业的真谛,怎样打造一支叫得响、过得硬,特别能战斗的队伍。

古往今来,作为一个普通人,你可能不显贵,但你可以崇高;你在物质上可能不富有,但你在精神上可以成为令人尊敬的"贵族!"

郭明义貌不惊人,平凡无华,但却感动了中国,震撼了亿万人。榜样的力量是无穷的!在亿万干部群众中,他是当代最美的人生楷模!

可以断言,若干年之后,我们的后人,后人的后人,知道、崇敬郭明义的,肯定要远远多于那些"明星"、"大腕",因为郭明义是中国老百姓心目中永远的英雄!"当代雷锋"郭明义的精神,是中国共产党之魂,中华民族之光,共和国之脊梁!

党的十八大提出,要"推动学雷锋活动、学习宣传道德模范常态化"。我们贯彻落实十八大精神,就要从自身做起,从小事做起,从今天做起,像学习雷锋那样学习郭明义,像学习郭明义那样学习雷锋,为建设最美中国贡献自己的全部力量和智慧。

(作者原系中共辽宁省委办公厅干部,现任辽宁省公文写作学会理事长)

"当代雷锋" 人格楷模
——试论"当代雷锋"郭明义崇高的理想人格特质

白石亮

50年前,毛主席"向雷锋同志学习"的题词为全国人民树立了崇高的人格榜样。50年来,这个题词所推崇的雷锋精神,一直引领着中国社会的道德风尚,显示出雷锋精神的旺盛生命力。"当代雷锋"郭明义,就是在毛主席题词的指引下、学习和实践雷锋精神而出现的道德模范和人格楷模。郭明义的先进事迹和崇高人格,已经成为我国在新的历史时期传承弘扬雷锋精神的新标志。

党的十八大明确要求共产党员、党的干部要"讲党性、重品行、作表率","以实际行动彰显共产党人的人格力量",并号召"推动学雷锋活动、学习宣传道德模范常态化",这必将促使学习雷锋、学习郭明义的活动更加深入,更加有效。学习和研究郭明义的崇高人格特质,彰显共产党人的人格力量,是我们贯彻落实十八大精神的题中应有之义。

一、"当代雷锋"郭明义坚守当代中国的人格高地

人生活在社会上,每一个人都毫无例外的有自己的人格。由于人是社会的人,"人的本质并不是单个人所固有的抽象物。在其现实性上,它是一切社会关系的总和"①,所以,人格的"本质不是人的胡子、血

---

① 《马克思恩格斯选集》第1卷,人民出版社1972年版,第18页。

液、抽象的肉体的本性，而是人的社会特质"①。这种在社会实践中形成的、表现人的社会特质的内在综合品质和思想、性格、行为等的惯常模式，就是人格。

人格并不神秘。马克思、恩格斯指出："个人怎样表现自己的生命，他们自己就是怎样"②。通俗地说，人格是人的精神世界的总体性的东西，作为个体的人，人格就是他本身，一个人的人格是怎样的，这个人的人生形象、人生价值就是怎样的；反过来说，人们可以从一个人的人生形象、人生价值，从他一贯的思想、性格、行为模式，认识一个人的人格；人格问题说到底，就是做什么样的人和怎样做人的问题。

大千世界，各色人等，林林总总。正如世界上没有两片完全相同的树叶一样，每一个人的人格都是独特的，所以才有这个人与其他人的差异和区别。然而，人格作为表征一个人的人生形象、人生价值的总体性的东西，毋庸讳言，它必然具有文野之分、高下之分、美丑之分。这一点，我们从现实生活中无数活生生的事例中，都是直接观察、感受、体验到了的。所以，如果我们在整合的意义上，从人格类型、人格层次上做一归纳和划分，似乎可以从低到高，区分为五种人格类型，或者五个人格层次：

一是病态人格。例如精神疾病患者，他们的人格往往呈现为怪异和病态；二是缺陷人格。人格特质不完全、不均衡、不和谐，某种特质有较严重缺失，表现出顽固的偏执、极端、片面等性格模式和思维模式；三是健康人格。各种人格特质比较均衡、正常、健康，目前，绝大多数人的人格层次、人格状况，就处于这种健康人格状态；四是精英人格。例如各个领域卓有成就的专家、科学家、高级专业技术人才等，他们在健康人格基础上，某一种或某几种人格特质往往出类拔萃、卓尔不凡；五是理想人格。这是人格的最高层次、最高类型，是对人民无私奉献、对自己严格要求的人格，是普惠大众、广受赞誉的人格，是值得人们追

----

① 《马克思恩格斯全集》第 1 卷，人民出版社 1960 年版，第 270 页。
② 《马克思恩格斯文集》第 1 卷，人民出版社 2009 年版，第 519 页。

求、效仿、学习和践行的理想人格和做人楷模。

我们据此来看，可以发现："当代雷锋"郭明义的人格类型与当年雷锋的人格是相同的，他们都是最高层次的公而忘私的共产主义理想人格。

郭明义曾明确告示："雷锋的道路就是我的人生选择，雷锋的境界就是我的人生追求。"他不但在精神境界上追求雷锋精神，尤其把雷锋精神落实在自己的实际行动中，不被个别人一时的冷嘲热讽所感，不为额外的物质经济利益所动，始终坚守着当代中国的道德高地和人格高地，把自己的一切无私地奉献给社会、无私地奉献给人民。郭明义是名副其实的社会主义道德的示范者、诚信风尚的引领者、公平正义的维护者，在郭明义身上，彰显了凝聚人心、令人敬佩的人格力量。

2010年8月，胡锦涛总书记在批示中指出："郭明义同志是助人为乐的道德模范，是新时期学习实践雷锋精神的优秀代表。要大力宣传和弘扬郭明义同志的先进事迹和崇高品德，为构建社会主义和谐社会提供强大精神力量。"在这里，胡锦涛同志使用了"道德模范"、"优秀代表"、"先进事迹"、"崇高品德"等高端概念褒扬郭明义，完整概括了郭明义人格的崇高性。

中央精神文明建设指导委员会2012年3月2日授予郭明义同志"当代雷锋"这一荣誉称号，恰当地表明了郭明义与雷锋的传承关系和郭明义精神的本质。中共中央组织部授予他"全国优秀共产党员"称号，中华全国总工会作出开展向郭明义学习活动的决定，解放军总政治部发出通知号召全军指战员向郭明义学习。在党的十八大上，郭明义当选为中共第十八届中央委员会候补委员。这一切，都来源于郭明义对当代中国人格高地的坚守，都来源于他感人肺腑的先进事迹和崇高品德。郭明义的崇高人格，已经成为我们民族精神和时代精神的重要标志。50年前，亿万人民响应毛主席的号召学习雷锋，推动了社会道德风尚的提高；50年后的今天乃至永远，雷锋精神依然焕发着光彩，全国人民按照十八大精神和中央要求，把雷锋和"雷锋传人"郭明义作为人格楷模，把这种学习宣传活动常态化，继续发挥引领全社

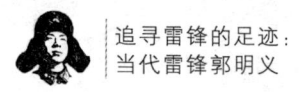
追寻雷锋的足迹：
当代雷锋郭明义

会崇高道德的积极作用。

2004年3月8日，胡锦涛总书记参加十届全国人大二次会议辽宁代表团审议时指出：我们党团结带领人民干事业，一靠真理的力量，二靠人格的力量。榜样的力量是无穷的。我们欣喜地看到，人们对郭明义的崇高人格给予高度评价、充分认同、满怀敬佩！这里仅列举两例：其一，郭明义的先进事迹和崇高品德打动人心、凝聚力量，人们主动地向郭明义学习，像他那样关爱他人、奉献社会。仅至2012年5月，全国就建立了"郭明义爱心团队"400多支，志愿者达到72万多名，他们急人所急、帮人所需，排忧解难，做了大量善事好事。他们说："我们就是冲着老郭来的！"全国第1066例造血干细胞的成功捐献者许平鑫受到赞扬时，总是提到郭明义，诚恳地说"是郭大哥人格的力量感动了我"。其二，全国人民认同郭明义的无私奉献精神，自觉地把郭明义精神内化为自己的人格，做郭明义那样的人。《光明日报》报道：辽宁人民艺术剧院根据郭明义先进事迹创作的话剧《郭明义》，在全国巡演了150余场；北方联合影视集团拍摄的电影《郭明义》，已经放映了3000多场，观众近200万人次；以郭明义创作的诗《把幸福给你》为歌词的同名歌曲，推出了多个版本，在全国400多家地面频道综艺节目和音乐节目中播出，仅歌手孙楠版的这首歌，就在网络上被下载、被点击观看了2亿多次[①]。更为可贵的是，这三部作品，既得到了人民群众的检验、肯定、认同，这是对艺术作品的最高奖赏，又全都获得了2012年中央宣传部组织评选的第十二届精神文明建设"五个一工程奖"，得到了国家的认可和奖励。

二、"当代雷锋"郭明义崇高的理想人格特质

人格特质，是整合为整体人格的基本元素，人格特质也就是马克思所说的"人的社会特质"。但是，仅仅某一种特质还不成其为人格，只有诸种人格特质的整合、融合、统一，才形成某种类型、某一层次的整

[①] 《光明日报》2012年12月19日。

体人格。所以，要认识一个人的整体人格状况，必须首先具体了解他的各种人格特质是怎样的，然后才能从他各种人格特质的整合中，认识、把握以至学习他整体的人格精神。

如上所述，郭明义的人格是最高类型的公而忘私的理想人格，我们学习郭明义的先进事迹和崇高品德，从根本上说，就是要学习郭明义的崇高人格精神，就是要像郭明义那样做人，做郭明义那样的人。当年，周恩来总理从"憎爱分明的阶级立场，言行一致的革命精神，公而忘私的共产主义风格，奋不顾身的无产阶级斗志"这四个方面，概括了雷锋崇高的理想人格特质，那么，"当代雷锋"郭明义的理想人格特质又是怎样的呢？在这里，我不揣冒昧，陋见如下：

第一，坚定的理想信念，是郭明义崇高的政治人格特质。

马克思很早就提出和使用了"政治人格"这个概念，马克思在评论德国哲学家黑格尔时说："政治人格和实在人格、形式人格和物质人格……的分离"，在黑格尔那里"表现了针锋相对的矛盾"[1]。但是，以往的人格理论很少研究人格的政治特质问题。实际上，在存在着对立的阶级，存在着利益不同的政治集团的社会里，"没有一个活着的人能够不站到这个或那个阶级方面来（既然他懂得了他们的相互关系），能够不为这个或那个阶级的胜利而高兴，为其失败而悲伤，能够不对敌视这个阶级的人、对于散布落后观点来妨碍其发展以及其他等等的人表示愤怒。"[2] 这就是说，个体人格不能不受他所处的社会环境、阶级关系以及他所属的政党、政治集团的影响而带上政治性。

郭明义在政治人格上，爱党爱国，理想信念坚定。他牢记自己是工人阶级的后代，参军后加入中国共产党，树立起远大的社会主义、共产主义理想和为党的事业奋斗终生的思想。他明确地说："我是共产党员，我坚持共产主义的理想信念！理想信念给了我方向，给了我动力，

---

[1] 《马克思恩格斯全集》第 1 卷，人民出版社 1960 年版，第 382 页。
[2] 《列宁选集》第 1 卷，人民出版社 1972 年版，第 210 页。

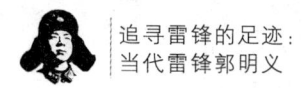
追寻雷锋的足迹：
当代雷锋郭明义

给了我勇气。为崇高的理想信念奋斗，人的生命就有价值。"①

郭明义坚持共产主义理想信念，体现在实实在在地为中国特色社会主义理想的奋斗中。他1981年入党，正处在我国进入改革开放的新时代，改革开放政策激发的新活力，带来的国家和他所在矿山的新变化，激励着他全身心地投入到现代化建设中，每天提前两个小时上班，节假日不休息，15年间多贡献了5年的工作量，坚定的理想信念给了他无穷的力量。

坚强的党性，是政治人格的表现，在郭明义身上尤其强烈和突出。党性，包括两个含义：一是哲学党性，二是政治党性。哲学党性，就是站稳辩证唯物主义和历史唯物主义立场，反对唯心主义和形而上学。郭明义坚信共产主义远大理想，信仰马克思主义世界观，懂得人类社会发展的客观规律，坚信经过长期发展共产主义必然实现。政治党性，就是坚持工人阶级的政治、经济利益和共产党人的政治品质，不怕艰难险阻，勇于流血牺牲，为实现党的纲领、路线、目标而奋斗。我们看到，郭明义的政治党性鲜明而坚定，他爱党爱国、忧党忧国，在他心里，党的性质、宗旨、事业、声誉、前途比什么都重要。在《七月的颂歌》里，他用诗一般的语言倾诉自己的信念："党啊，亲爱的母亲……是您给我力量、给我生命、给我智慧，给了我生存的勇气和创造的动力。……我要为您的事业而沸腾，为您的目标而奋斗，为您的利益而献身，为您创造一个新的世纪。"②

人们一般认为，以权谋私、贪污腐败、索贿受贿只是经济问题、道德问题。其实，这首先是个政治问题、人格问题。马克思说过："不可收买是最高的政治美德。"③ 郭明义虽然不是位高权重的领导干部，但他在社会上、工作中同样遇到了涉及经济利益、物质利益方面的事情。

---

① 中共辽宁省委宣传部组编：《当代雷锋郭明义》，辽宁人民出版社2011年版，第32页。

② 郭明义著：《幸福就这么简单》，中国工人出版社2011年版，第134页。

③ 《马克思恩格斯全集》第3卷，人民出版社2002年版，第129页。

他是怎样对待这类事情的呢？他当英文翻译时，常有外方人员悄悄给他小费，他以"我们中国不兴这个"作为理由，从不接受；1996年鞍钢经营困难时，工人几个月没开工资，外方人员凑了一笔钱资助他，他婉言谢绝；一位合作了三年的外方友人，回国前送给他一块价值千元的手表留作纪念，他推辞不掉，第二天就交给了矿纪委；外方一位中国区的总管看中了郭明义的人品和能力，承诺付给他相当于7倍当时工资的酬劳，劝他到自己所主管的中国区工作，同样被他毫不犹豫地拒绝了。他说："我上党校、进修，都是鞍钢给我掏的钱，鞍钢培养了我，我要懂得感恩，所以我不能走，也不会走"。不论在何时，不论对什么人，郭明义都坚守自己的理想和信念，一切非自己诚实劳动所得——不论多少——都撼动不了他的政治美德和政治人格，鲜明地表现了他政治人格的崇高与坚定。

第二，无私奉献、助人为乐，是郭明义崇高的道德人格特质。

道德，是人们的一种以善恶为标准的内心信念和精神品质。个体的道德人格，首先受他所处的社会历史条件、所属的阶级以及政治集团性质的制约，同时还取决于个体的自主道德追求和道德修养状况，因而形成不同层次的道德人格和道德境界，一般可分为自私自利的道德人格、先公后私的道德人格、公而忘私的道德人格三种境界。

在道德人格上，郭明义无私奉献、助人为乐，是最高层次的公而忘私的道德人格。

马克思指出："人只有为同时代人的完美、为他们的幸福而工作，自己才能达到完美。"接着，马克思又从另一个侧面进一步强调："如果一个人只为自己劳动，他也许能够成为著名的学者、伟大的哲人、卓越的诗人，然而他永远不能成为完美的、真正伟大的人物。"[①] 由此来看，郭明义就是一位道德人格完美而崇高的、受人敬佩的道德模范。

郭明义超越自我、无私奉献。为公还是为私、为他人还是为自我，是检验一个人的道德水准的"标尺"。郭明义的"标尺"，定在舍弃自

[①] 《马克思恩格斯全集》第1卷，人民出版社1995年版，第459页。

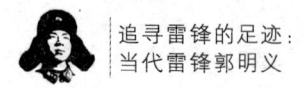 追寻雷锋的足迹：
当代雷锋郭明义

我小家、不谋个人私利、奉献万千大众。他克己奉公，完全超越了自我，一心为了国家、铁矿和贫困群众。他一家三口，仍然住在一个不到40平方米的单间里，单位三次分房他都不申请，把机会让给别人；他把自己的家当，包括三辆自行车、三台电视机、一台计算机、工作服、鞋子，包括各种奖金、补贴、慰问金、获奖的奖品慰问品等等，全都捐给了急需的人，家里像样的电器，只有一台"所有权"不属于他的液晶电视机，一台亲属们凑钱买给他女儿的、不许他捐出的计算机；他捐出了自己的鲜血，捐出了血小板，捐出了造血干细胞，又搜肠刮肚地想：我还能再捐什么？最后，他和妻子都签订了百年后捐献遗体的协议！郭明义已经捐其所有，人们怎能忍心让他再奉献什么？！

郭明义扶危济困、助人为乐。他心地善良，大爱无疆，见不得别人有难处，见到穷人就掉泪，看到谁有困难、谁家里有病人、谁家的孩子因为贫穷上不起学，他都于心不忍，总是千方百计给予帮助。他说："是共产党员，就要想着人民群众。有人问我，你自己并不富裕，为什么还去帮助别人？我确实不富裕，但我的生活比困难群众好多了。群众有了困难，党员不能袖手旁观、无动于衷！一定要站出来，一定要管。"① 秉承这样的信念，郭明义多年来向"希望工程"、困难家庭、灾区群众捐款12万多元，资助了180多名特困学生。2002年，他从电视新闻里得知山东省嘉祥县一对农民夫妻生了五胞胎（三男二女），生活困难，光买奶粉的钱就很难负担。他坐不住了，心想：不拉他们一把，我心里不踏实。第二天就寄去了300元，这些年来，他寄的钱一直伴随着五胞胎成长。2011年，在山东作巡回报告的郭明义终于第一次见到了已经8岁的五胞胎兄妹，接受了他们的献花，孩子的父亲深深鞠躬致谢，献给他一面写着"情深似海恩重如山，三龙二凤永记心间"的锦旗。在随同报告团到各地巡讲的23天里，他又捐出了16500多元，还看望了11名资助过的孩子。

---

① 中共辽宁省宣传部组编：《当代雷锋郭明义》，辽宁人民出版社2011年版，第33页。

郭明义给人温暖、不求回报。马克思说："那些为大多数人带来幸福的人是最幸福的人。"① 郭明义就是这样的人。"我不需要他们回报，我就想改变他们的人生，"是他真诚的肺腑之言。郭明义的所有捐献和付出，既不为出名，更不为谋利，不求任何索取和回报，唯一的目的是给别人送去温暖、帮助困难群众。而他自己，则只享受受他帮助的孩子不辍学、生病的人得到救治康复的巨大精神慰藉和快乐幸福。他说得好："助人使人快乐，奉献使人幸福。把自己的生命同党的事业和人民的利益紧密地联系在一起，就找到了通向快乐和幸福的道路。快乐和幸福属于为党忘我工作的人，属于为人民忘我奉献的人。""只要是有益于党和人民的事，我就要天天做。每做一件好事，都有一股幸福感涌上心头！我越做越高兴，越干越有劲！"② 当他接到他资助的一位女孩来信说，大学毕业后被上海一家大公司录用，年薪一二十万，现在也已开始有能力帮助别人时，高兴得让妻子炒了两个菜，喝了两盅酒。他说："那种成就感和幸福感，是别人体会不到的！""自己被党信任、被群众信赖、被社会需要，就会感到很充实、很快乐、很幸福。"③ 他认为："幸福就这么简单！"这样的幸福观，是多么崇高的道德境界！

我们看到，郭明义毫无自私自利之心，完全是为群众的温暖和幸福而工作而奉献的，他的道德人格崇高而完美，他所享受的不是那种可怜的、有限的、自私的乐趣，他的幸福属于广大人民群众！

第三，意志坚忍、情绪乐观，是郭明义崇高的心理人格特质。

郭明义的人格形成和确立的这30多年，正是他在部队服役、在矿山工作的30多年，也正是我国在改革开放大道上进入社会转型、矛盾高发、人们的思想和价值观念呈现多元化的30多年。郭明义能够始终坚定地把雷锋作为自己的人生榜样，坚守中国的道德高地，学习和实践

---

① 《马克思恩格斯全集》第1卷，人民出版社1995年版，第459页。
② 中共辽宁省委宣传部组编：《当代雷锋郭明义》，辽宁人民出版社2011年版，第34页。
③ 田怀玉编：《"当代雷锋"郭明义》，新华出版社2012年版，第63页。

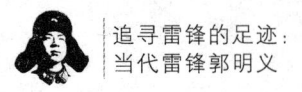
追寻雷锋的足迹:
当代雷锋郭明义

党的宗旨和雷锋精神,如果没有坚定、崇高的心理人格,是不可想象的。

人的心理特质和心理人格极为重要。心理现象是人脑的机能,是对客观现实的反映。心理人格,作为人在社会实践中形成的各种内在心理品质的统一、稳定的心理活动和心理模式,它能够使人在改造客观世界的实践中确定方向,对实践的效率和自己的行为发生重要的作用。

郭明义的心理人格特质,不论感觉、知觉、思维,还是情感、意志、气质、性格等,都具有自己鲜明的个性心理特征:

一是坚定的意志。郭明义做好事、做好人、无私奉献,不是没有遇到难处、阻力,不是一帆风顺的。曾经,有人说他"缺心眼儿"、"卡"(鞍山话"傻子"),有人曾叫他"郭彪子"、"郭傻子",不知情的人给他起外号"献血狂"、"败家子";曾经,看到那么多人需要资助,他为自己捉襟见肘、杯水车薪、心有余而力不足的经济状况而叹息;曾经,有工友调侃他"老郭,我这双鞋又坏了!""你这顶帽子挺好呀!"曾经,他也因坚持原则,不把公家的物资给个人,而被当成"抠门儿",等等。面对困难和种种非议,他没有绕着走,没有放弃助人的初衷,没有放弃原则,而是方向明确,意志坚定,一往直前。他忍受委屈,告诫自己:只要正确就做下去,没有任何力量能阻挡我做下去!工友调侃的话他当真,马上就把自己的好鞋子、帽子、衣服换给别人;开始时动员大家捐献造血干细胞救工友的孩子不被理解,他就写成倡议书,一个科室一个科室、一个班组一个班组地声情并茂宣读,下班后又到人多的澡堂子给大家搓澡,边搓边解释捐献造血干细胞的益处;钱再少,他认为也能给别人温暖,也代表了一份真情,一位困难群众收到他捎去的一包味素、一双袜子感动得落泪。无数实实在在的付出和捐献行动,证明了郭明义的大爱与真诚,也使大家看到了他那金子般的心,由此产生巨大感召力,在他周围聚集起众多的"郭明义爱心团队",跟着他一起做好人、做好事。

二是乐观的情绪。情绪、情感反映了人对客观事物的感情和态度,它以肯定或否定、积极或消极、乐观或悲观、紧张或轻松、激动或平静等两极性和多样化的形式，表达人们对于社会生活和客观事物的态度。积极、乐观的情绪是一种指向未来的个体心理特质和认知倾向，它给人以力量，推动进行创造性活动并提高效率；而悲观、消极的情绪，则会使人压抑、郁闷，降低活动能力，甚至对自身的体质健康产生损害。郭明义总是乐观地面对生活和困难而且他的乐观情绪不是盲目的，而是建立在对于人类社会历史发展的客观规律的清醒认识之上的。因此，他关注他人的幸福与发展，对克服现实困难有坚定的信心，对未来的发展充满美好的预期，对自己并不富裕但和谐温馨的家庭生活感到满足，充分相信团队集体扶危济困的力量。他非常懂得心理学的道理，他说："人一有情绪，工作起来就没有那么积极，效率也没有那么高。"① 在单位，郭明义的乐观情绪带给大家欢乐和力量。工友们称赞他脸上总是"阳光灿烂"、"笑呵呵"，走路目不斜视、大步前进，一边走一边哼着歌，遇到熟人敬一个军礼，把别人也逗乐了。他在对讲机里给大家唱歌，朗诵诗歌，为的是让干了一夜的电动轮司机消除一些疲劳，工友们因此而欣喜地叫他"帕瓦罗郭"。他的乐观情绪和永不停息的热情，鼓舞了工友，激发了大家的工作热情。在家里，即使住房很小，仍然乐观，他用心给妻子、女儿创造快乐，高兴时一首接一首地唱歌；每隔一两年就把那个简陋的单间房粉刷一遍，把窗户刷上天蓝色的漆，显得既简洁又温馨。他有他的独到见解和理由："如果你是快乐的，那么即使住再小房子也快乐；如果你不快乐，那就是住再大的房子也不会快乐，也不会舒服。关键在于家人的感情。"②

　　三是真诚的性格。世界观、人生观、价值观和理想信念，影响和决定着人对客体的态度与行为，影响和决定着人的性格模式。我们从郭明义对待群众、工作、单位、国家等的一贯态度体系和行为方式中看出，诚实、诚信、真诚是他稳定而惯常的性格特征。他心地善良，对困难群众怀有浓厚的同情之心，把父亲从小教育他"自己过好了就想想，别

---

① 郭明义著：《幸福就这么简单》，中国工人出版社2011年版，第51页。
② 郭明义著：《幸福就这么简单》，中国工人出版社2011年版，第93页。

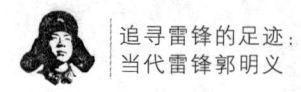
追寻雷锋的足迹：
当代雷锋郭明义

人谁过得不好"内化成自己的人格，长期体恤和帮助生活困难的人；他为人正直，只认原则不认人，担任车间人事员统计员时，车间领导违反了纪律，他也一视同仁地记录、公布；他有权调动大型工程机械，却毫不通融地拒绝上门送礼的私营老板想私用矿上机械的要求；他诚实守信，一诺千金，绝不食言，当他资助的一位三胞胎孩子的父亲因生活条件有了改善而把钱退回来时，他又硬塞了回去，说："人要讲诚信，我说过资助到孩子上大学，一定信守承诺！"①

第四，钻研知识、强化能力，是郭明义崇高的智能人格特质。

知识和能力，是人格的重要智能特质。一个人具备丰富的科学文化知识和较强的工作能力，才能更好地工作和奉献，更有利于提升自身的人格。毋庸讳言，1958年出生的郭明义，从上小学起就赶上了长达十年的"文化大革命"，1977年又参军入伍，客观条件使得他无法系统学习文化基础知识，他深知自己的这一缺憾。到矿山工作后，他废寝忘食、如饥似渴地学习，经过刻苦自学取得成人本科学历，获得了国家人事部认证的干部资格，通过了全国统计员统考获得资质证书，并且攻克了英语学习难关，成为称职的英语翻译，自身素质大大提升。

不仅如此，郭明义还把知识应用到实际工作中，忠于职守、创造性地工作，大大增强了工作能力。他当大型汽车驾驶员时，创造了全矿单车年产最高纪录；当理论干事，他撰写的党课教案获得矿业公司评比一等奖，在报刊发表了100多篇文章、稿件；当英语翻译，熟练地翻译和回答了其他几名翻译未能译出的外方友人充满专业术语的问话，还检查出进口备件中有5台电动转轮存在质量问题，收集了证据，拍下了照片，为企业争取到近10万美元的赔偿金；当采场公路管理员，整天工作在现场，填补了矿业公司多项技术空白，建成10公里星级公路，公路质量合格率达98%以上……郭明义与雷锋一样，干一行爱一行钻一行精一行，具有崇高的智能人格，他们都不愧是国家建设事业这架"大机器"上的闪闪发光的"螺丝钉"。

---

① 田怀玉编：《"当代雷锋"郭明义》，新华出版社2012年版，第30页。

三、崇高的理想人格楷模：从雷锋、刘英俊到郭明义

东北大地，沃野千里，民风淳朴，人心向善，涌现出千千万万英雄模范和先进人物。深受全国人民景仰的雷锋、刘英俊、郭明义，就是这些英雄模范的杰出代表和人格楷模。

唯物主义历史观揭示出，任何人包括英雄模范人物的成长，都需要两个条件：

首先，是客观的社会历史条件。由于"人是环境和教育的产物，……改变了的人是另一种环境和改变了的教育的产物"①，所以，人离不开客观社会历史条件的决定和制约，正是一切社会关系的总和形成人的本质，正是人的社会特质形成人格的本质。

郭明义崇高的人格精神不是凭空产生的，时代和实践造就了郭明义，他深深扎根在中国大地和东北的沃土。引领和培养他成长的，至少包括这样一些客观条件：第一，父母、家庭的善良在他心灵中播撒下向善、助人的种子；第二，学校教育他好好学习、掌握知识；第三，他在刘英俊生前部队党组织的培养教育下，入了党，明确了人生的前进方向，树立了雷锋、刘英俊这样的崇高人格榜样；第四，在鞍山这座充满英雄主义氛围的城市，孟泰、王崇伦、雷锋等人的崇高精神陶冶着他的性情；第五，他投身于改革开放和现代化建设的伟大实践，既创造了突出的工作业绩，也在不断地锻造着、净化着、升华着自己的心灵。

其次，是高度自觉的主观内省和自我改造条件。这是一切人格高尚的人都必然具备的条件。虽然社会、实践等客观环境造就人，但人不是完全消极、被动的，人具有自觉的能动性；人格这种精神性的东西和一切社会意识一样，具有相对的独立性和自身成长发展规律，每一个人自身的精神追求极其重要。否则，就不能解释为什么在相同环境下，有人能够"出污泥而不染，濯青莲而不妖"，而有人却混迹于污浊、满身铜臭气；为什么有人"常在河边站，就是不湿鞋"，而有人却贪污腐化、

---

① 《马克思恩格斯选集》第 1 卷，人民出版社 1972 年版，第 17 页。

索贿受贿,被人民所不齿;为什么有人忠于誓言,一诺千金,有人却制假贩假、谎话连篇、毫无诚信。

郭明义的成长具有高度的人格自觉,他充分发挥自觉能动性,一心求真、向善、崇美,严格要求自己,主动改造自己,自觉地把毛泽东思想、党的创新理论和雷锋的崇高精神,内化成自己的人格特质,从而形成崇高的理想人格模式,达到人生的理想境界。这是郭明义之所以能够成长为理想人格楷模的主观条件。

在这里,应当特别强调:党的组织和领导者,应该秉持公平正义,为每个人的成长进步和人格提高,创造良好的客观环境。

毫无疑问,从雷锋、刘英俊到郭明义,都是在新中国的阳光雨露下,在各级党组织培养教育下,他们个人在火热的实践中刻苦改造和提升主观精神境界中成长起来的。

伟大的共产主义战士雷锋,在地方就是先进模范。到部队后,沈阳军区工程兵部队把雷锋作为重要典型,创造条件,精心培养。雷锋在部队只有两年八个月共951天,就立了2次三等功、1次二等功,还先后被评选为"模范共青团员"、"学习毛主席著作积极分子"、"优秀校外辅导员",出席了军区团代会,被选为抚顺市人民代表,等等。

人民的好儿子刘英俊,1962年7月入伍,1966年3月15日在佳木斯为了保护六名儿童的生命英勇献身,当时即被誉为"人民的好儿子",全国、全军开展了向刘英俊学习活动,2009年国庆60周年时,被全国人民投票评为100名"感动中国人物"之一。必须肯定,刘英俊的成长离不开党和部队的教育培养。

郭明义服役的部队就是英雄刘英俊生前所在的部队。郭明义在师史馆里看到刘英俊的英雄事迹,当时部队大力开展的学雷锋、学刘英俊活动,使他找到了自己的人生榜样。由此郭明义逐步成为雷锋精神的优秀传人,成为刘英俊的好战友。尤其是郭明义转业到鞍钢工作后,鞍山市、鞍钢集团公司的领导和组织,为他的成长、为他无私奉献的壮举,创造了许多有利条件:送他脱产上党校培训、外出参观学习;分别作出决定,对他大张旗鼓地开展学习、表彰、宣传;为他组织报告会,腾出办公室作为"郭明义爱心团队"活动场地,以他的名义开展公益活动,等等。

与此同时,四五十年过去了,今天我们应该公正地、不必忌讳地说:雷锋、刘英俊在他们的成长道路上,不是没有遗憾,不是没有遇到挫折的。这同样是对他们人格的锻炼和考验,他们的人格同样表现得那么纯粹,那么崇高!

例如,在把雷锋提升为干部问题上,工程兵某团的领导班子调整后,个别主要领导思想方法片面,偏听有人反映雷锋开车耗油多、损坏了汽车零件;有人说雷锋光吃"忆苦饭",全凭一张嘴,只红不专;还有人指责雷锋奖章整天在胸前挂着,应该反骄破满[1];不同意把雷锋提拔为干部的人说,雷锋一下子提升为副指导员,是"隔着锅台上炕"。因此,雷锋终于未能成为干部,这不能不是一件巨大的遗憾事!当时的沈阳军区政委赖传珠上将看到战友们向雷锋遗体告别的照片,曾对军区工程兵主任王良太少将说:"早就对你们说要把雷锋提到连队的岗位上来,你们就是迟迟不动,如果早提起来,这个事故就不会发生。"[2]

又如,刘英俊的境遇更是令人扼腕!他是独生子,既无兄弟又无姐妹,在1962年紧张的国际形势和盘踞台湾岛的国民党反动派叫嚣反攻大陆的情况下,坚决要求参军入伍。在部队,他把毛主席"向雷锋同志学习"的题词刻在锄把上,牢记在心里,落实在行动上,为连队、为驻地群众做了大量好事,但他总是不留名、不汇报、不在日记里记载,佳木斯的老百姓是在看到他的遗像后,才知道他的真名叫"刘英俊"的,深受感动,强烈要求报社、电台宣传刘英俊的英雄事迹。

但是,这样一位品德高尚的英雄战士,由于某些领导者对他有偏见、误解,连队战友与他攀比,甚至把他当成"后进战士",所以,刘英俊当兵长达5个年头,一直到牺牲,他都不是团员,不是党员,不是

---

[1] 邢华琪主编:《雷锋解读》,解放军出版社2012年版,第192页。
[2] 张峻口述文章:《告诉你一个真实的雷锋》,转引自《文化时报》2001年2月21日。

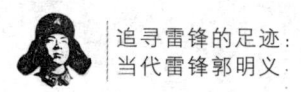
追寻雷锋的足迹：
当代雷锋郭明义

"五好战士"，不是骨干（正、副班长），更不可能是干部，反而受到许多误解和委屈。对于这些不公正，刘英俊不做解释，反而在日记里不断进行自我批评，检查自己的不足。他说："真正的共产主义者是摆脱了小'我'束缚的人，他们的心目之中只有革命的利益，集体的利益，只要是对革命对集体有利的事，他们就积极地干，从不计较名誉和地位，也毫不考虑别人会怎样议论自己。他们是人类中最高尚的人……"① 刘英俊光荣牺牲后，团党委总结了未能正确对待刘英俊的深刻教训，称为"第二笔财富"。时任刘英俊所在师师长的黄浩同志在他后来的著作中，引述团里领导同志检讨时的话说："刘英俊这样好，我们和连队没有对这个好苗子培养，相反还有意无意地指责他，找小毛病，看小问题，实际上他在关键时刻，挺身而出，很过硬！""这次学好了，就不亚于获得一笔财富，以后就不会埋没更多的刘英俊了。"② 可见，在刘英俊的人格精神中，包含着震撼人心的悲壮之美，因而刘英俊人格更加伟大，更加崇高！

不过，我们不希望再发生这样的悲壮！领导者应该像对待"当代雷锋"郭明义那样，创造良好的客观环境和条件，帮助英雄、模范们健康成长。

（作者系解放军国防大学学员队原政委，大校）

---

① 《毛主席的好战士刘英俊》，解放军文艺社 1966 年版，第 54—55 页。
② 黄浩著：《从战场走来》（未公开出版），第 223 页。

郭明义是新时期学习践行雷锋精神的优秀代表

张启元

　　郭明义是新时期学习实践雷锋精神的优秀代表。学习郭明义同志精神自然会提到雷锋精神。他们身上有太多的一致性。尽管他们出生的时间和具体事迹不同，但他们都是用马克思主义中国化理论武装起来的人，都是我们党的好儿子，都是全心全意为人民服务的好党员，都是在社会主义大背景下涌现出来的共产主义新人，都是社会主义精神家园的守望者。雷锋精神和郭明义精神同属于一个思想范畴，就是社会主义和共产主义思想体系，都是共产主义理想大树长出的丰硕成果。

　　雷锋同志是中国家喻户晓的全心全意为人民服务的楷模。他作为一名普通的中国人民解放军战士，在他短暂的一生中却助人无数，毛泽东同志于1963年3月5日亲笔为他题词"向雷锋同志学习"，并把3月5日定为学雷锋纪念日；一部《雷锋日记》令读者无不感动。雷锋精神，是以雷锋的名字命名的、以雷锋的精神为基本内涵的、在实践中不断丰富和发展着的革命精神，其实质和核心是全心全意为人民服务，为了人民的事业无私奉献。周总理把雷锋精神全面而精辟地概括为"憎爱分明的阶级立场、言行一致的革命精神、公而忘私的共产主义风格、奋不顾身的无产阶级斗志"。

　　雷锋精神鼓舞了一代又一代人。郭明义就是学雷锋最杰出的代表，他是在学习雷锋好榜样的社会氛围中成长起来的。雷锋精神深深植根于他的心灵，并成为他无私奉献社会和人民而不惧任何冷嘲热讽的精神力量。郭明义曾先后获部队学雷锋标兵、鞍钢劳动模范、鞍山市特等劳动

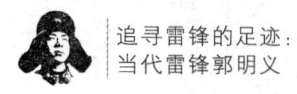
追寻雷锋的足迹：
当代雷锋郭明义

模范、全国无偿献血奉献奖金奖、中央企业优秀共产党员、全国"五一劳动奖章"等荣誉称号，是鞍山市无偿献血形象代言人。从这些先进事迹看，郭明义是新时期学习实践雷锋精神的优秀代表。

一、郭明义是新时期学习实践雷锋精神的优秀代表，体现在他长期坚持爱岗敬业、无私奉献

郭明义精神的形成，得益于雷锋精神的熏陶，在时间上是在改革开放新时期逐步成长起来的。从这样一个大背景下考量郭明义精神，寓意深长。新时期的重要特征是在坚持社会主义制度和共产党领导的前提下，实行改革开放，建立社会主义市场经济体制，实现经济和社会转型的时期，从1978年算起也有30多年的时间了。

新时期我们坚持基本路线和中国特色社会主义道路，社会主义制度更加巩固，在党的领导下实现了伟大的复兴，社会生活、经济生活、文化生活发生了巨大的变化。文化和价值观多元，经济生活多元，社会生活多元。在我们创造和享受改革发展带来的前所未有的物质文化和社会生活的同时，我们又感到社会在失去一些东西，有不可承受之痛、之重、之感。比如，道德在进步的同时又存在某些缺失，无论社会还是某些行业的道德失范成为难言之隐。人与人之间的诚信关系，助人为乐的道德风尚，都受到了挑战。甚至出现了老人在马路上摔倒了没人上前扶起来的现象。个别地方血库告急也是常有的事。就是在这种背景下雷锋精神复活了，雷锋复活了，在雷锋逝世20年后，一个最好的活雷锋——郭明义向我们走来了，郭明义的精神，足可以撼天地惊鬼神。

在允许一部分人先富起来的政策下，以郭明义的技术、技能，工作能力和创新精神，以其人品人格和服务精神，以其吃苦耐劳和兢兢业业的精神，下海赚大钱和跟老外走赚大钱，住大房子，让家人过上更优越的生活，都是不成问题的。但是他没有选择这些，不为金钱所动，他选择了什么，他选择了国企，选择了采矿场的第一线，自觉自愿地为企业矿山和国家吃大苦流大汗。他把自己的汽车驾驶和维修、英语翻译、经济统计、企业管理等各种技术技能特长，把自己的智慧和体能都贡献到老工业基地的振兴中来，为企业创造了巨大的经济价值，创造出惊人的业绩。这是一个真实的实实在在的郭明义，不带任何修饰的郭明义。这一点和雷锋高度一致。雷锋无论在哪里都能自觉服从社会主义建设事业的需要，立足本职，忠于职守，勤勉敬业，精益求精，像一颗永不生锈的螺丝钉，在平凡的岗位上做出不平凡的成绩。干一行爱一行、专一行精一行。

让我们感到难能可贵的是，在市场经济大潮的冲击下，一部分人开始一切"向钱看"，甚至为了钱而不顾人格和法律，而郭明义却懂得为国家企业奉献才是大义。他从部队复员后选择了收入和待遇不高的鞍钢，为国企的振兴无私地贡献力量，不是下海为自己赚钱。如果说人生最重要的在于选择的话，郭明义的选择无疑也是重要的，但是他的选择是大公无私的选择，这种选择难道不是令人尊重和敬佩的吗？一个人把自己与社会联系在一起，并毫不保留地奉献给国家、社会、人民，不仅在雷锋时代是需要的，而且我们今天也更加需要。在当代，学习郭明义精神就是学习雷锋精神。

二、郭明义是新时期学习实践雷锋精神的优秀代表，体现在他长期坚持服务人民、助人为乐

雷锋精神的实质，就是全心全意为人民服务。雷锋为了人民的事业无私奉献，把帮助别人当作人生最大的快乐和幸福。这种服务人民、助人为乐的奉献精神，是为人民服务人生观的重要体现。而郭明义同志是雷锋式的人物，是助人为乐的道德模范，是新时期学习实践雷锋精神的优秀代表。

郭明义始终坚持理想信念，坚持全心全意为人民服务的宗旨，坚持助人为乐。郭明义同志15年里每天提前2小时上班，17年间为失学儿童、受灾群众捐款十多万元，20年来七十多次无偿献血，挽救数十人的生命。他坚信奉献使人快乐、助人使人幸福，数十年如一日地用自己的博大爱心、满腔热血铸就了人间大爱，被誉为"爱心使者"、"雷锋传人"。

追寻雷锋的足迹：
当代雷锋郭明义

一个普通工人成为名扬全国的道德模范，不仅得到了党和国家领导人的肯定和赞誉，也深受广大群众的爱戴。一个人做点好事善事，是每个人都能做到的也是应该的，普普通通，平平凡凡。但是事物的发展从量的积累到质的变化是一个飞跃。郭明义从第一次献血200毫升，这可以叫平凡，但七十多次累计献血6万毫升，相当于自身总血量近10倍，这是一个质变，实现了从平凡到伟大的飞越。他是带着治病救人，挽救一个生命，拯救一个家庭，实现一个家庭的幸福与美满的信念来献血的。没有助人为乐无私奉献的大爱精神支撑这是不可能的，这是超越平凡的伟大义举。

郭明义同志心中时刻想着别人的安危冷暖，乐于助人，把方便让给别人，而惟独没有他自己，他的衣着是那么简朴，居室是那么简陋。每个到过他家的人都会看在眼里记在心上，无不为之感动。屋里没什么摆设，就是简单到家了。但是，他内心世界的宽阔是无法用居室的大小来度量的，小小的40平米居室证明了他内心世界的强大。

这些表面看似简单平凡的东西又隐藏着许多不平凡不简单的东西，珍藏着一个伟大的东西，那就是高尚的助人为乐、为人民服务的精神。郭明义就是一个心中装着人民的人。郭明义同志常说，"从入党那天起，我就选择了跟党走、多为别人奉献的人生道路"，"只要是有益于党和人民的事，我就要天天做"。郭明义坚信，"为崇高的理想信念奋斗，人的生命就有价值"。

为人民服务、助人为乐符合社会发展的规律。人的本质是一切社会关系的总和。人生活于各种社会关系之中，需要通过为他人服务来体现自身的价值。社会越发展越进步，越需要为他人和社会作贡献。为社会和他人的贡献越大说明你的人生价值越大。全心全意为人民服务是我们党的根本宗旨。毛泽东把人民比做上帝，说他的信仰是人民。只有树立为人民服务的人生观，发扬服务人民、助人为乐的奉献精神，人们才能对人生的目的有更深刻的理解，切实把人民利益放在首位，时时处处为人民着想、以人民利益为重；才能以正确的态度对待人生、对待生活，始终对祖国和人民具有高度责任感，不为私心所扰，不为名利所累，不为物欲所惑。

三、郭明义是新时期学习实践雷锋精神的优秀代表，体现在他长期坚持化解矛盾、促进和谐

我国目前正处于社会经济结构、文化形态、价值观念发生深刻变化时期，各种社会矛盾比较突出。从国际经验来看，社会转型期也是各种社会矛盾凸显期。在这样一个背景下，需要我们去努力化解各种社会矛盾，自觉构建和谐社会。郭明义是在努力建设和谐社会方面作贡献的一个优秀代表。

群众利益无小事。个人幸福是家庭幸福的基础，家庭幸福是社区安宁的基础，社区安宁是社会和谐的基础。郭明义所作所为看似小事一桩，其实不然，当他的捐助挽救了一个失学少年，你能说这是小事么？当他的一次献血拯救了一个生命，你能说这是小事么？何况郭明义做的好事无数。对此，每个正常的人不难做出正确的判断。这是一个舍得为他人和社会奉献大爱的人，是一个为社会和谐不断添砖加瓦的人，是一个对社会和谐有重要影响的人。

榜样的力量是无穷的。郭明义的事迹和精神在社会上的影响力与日俱增。郭明义微博开通一年多来粉丝近千万。2011年6月14日，在第8个世界献血日到来之际，郭明义爱心团队举行了大型无偿献血活动。获知消息的全国各地100余支爱心团队分队，纷纷在各地同步开展了无偿献血活动。许多关注郭明义微博的网友们也走进血站，献出自己的一份爱心。据不完全统计，活动当天，来自全国各地各行各业的3000多名志愿者共计献血60多万毫升。

郭明义不仅自己无怨无悔地无私奉献，还带动身边工友和全国各地志愿者投身社会公益事业，形成了以他名字命名的爱心团队。目前，郭明义爱心团队下设的希望工程郭明义爱心联队、郭明义无偿献血志愿者应急服务大队，郭明义捐献造血干细胞志愿者大队等7个大队，仅在鞍钢矿业就有成员近万人，全国已有4万余人加入到郭明义爱心团队，全国各地不断传来郭明义爱心团队分队成立的消息。

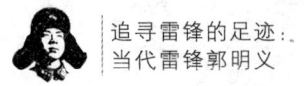
追寻雷锋的足迹：
当代雷锋郭明义

郭明义奉献社会的精神，回应了人民群众美好生活的新期待，反映了构建和谐社会的价值追求。全社会要以郭明义为榜样，以构建和谐社会为己任，正确认识和处理个人与他人、个人与集体、个人与社会、个人与国家之间的关系，树立和谐理念，营造和谐氛围，建设和谐文化，争做和谐表率。

学习郭明义就要学习他热忱为他人排忧解难，用真情化解矛盾、促进社会和谐的崇高精神境界。构建社会主义和谐社会，需要打造坚实的物质基础，更需要凝聚起强大的精神力量。郭明义是社会和谐的使者，大力宣传和弘扬他的先进事迹和崇高品德，有利于我们更加清醒地把握思想文化建设方向和要求，更加坚定自觉地树立道德新风，共建共享社会和谐。

无论是20世纪60年代出现的雷锋精神还是新时期的郭明义精神，都是在党的领导下，在社会主义意识形态、社会主义核心价值体系教育和培养的伟大精神成果。雷锋、郭明义是践行社会主义道德的模范，社会主义精神家园的守望者。在新形势下大力开展学习郭明义精神活动，有助于激发人们学雷锋的热情，激扬人们心中蕴藏的美好思想品德，解决道德领域的突出问题，匡正道德失范，矫正诚信缺失，提升道德水平。

（作者系中共辽宁省委讲师团副团长、教授）

学习郭明义精神与弘扬中华传统美德

郭春鹰

郭明义精神是如何产生的？毫无疑问，首先是社会主义的时代精神特别是雷锋精神哺育的结果，但同时应该看到，中华民族优秀文化传统的长期浸染熏陶也起了不可忽视的作用。优秀传统文化凝聚着中华民族自强不息的精神追求和历久弥新的精神财富，是发展社会主义先进文化的深厚基础，是建设中华民族共有精神家园的重要支撑。党的十八大报告要求："弘扬中华传统美德，弘扬时代新风"。因此，我们有必要弄清郭明义精神与积淀了几千年的民族传统美德的内在联系，并从这种联系中受到启示，从而把学习郭明义精神与弘扬中华民族的传统美德结合起来，推动这一学习活动深入持久开展下去。

一、郭明义精神展现了中华民族传统美德

就郭明义的主要事迹和当今时代的发展看，至少以下几个方面特别值得我们关注。

一是爱国。爱国主义是中华民族文化价值观的精髓所在。从几千年前中华民族在华夏大地上形成国家的时候起，"家国同构"就是一个最鲜明的特色，每个中国人心底都深藏着特别强烈的"家国情怀"。平常人们说"国富民强"或者"国破家亡"，恰从正反两个方面表明了"国"与"家"是不可分割的命运共同体。因此，公而忘私，国而忘家，始终把国家、民族的利益放在第一位，在国家需要的时候可以舍出自己的一切，包括最宝贵的生命，这种爱国主义精神就成为中华民族最重要、最核心的价值观。例如，蔺相如"先国家之急而后私仇"的宽

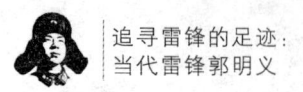
追寻雷锋的足迹：
当代雷锋郭明义

广胸怀，司马迁"常思奋不顾身，以殉国家之急"的崇高精神，文天祥"人生自古谁无死，留取丹心照汗青"的坚贞气节，林则徐"苟利国家生死以，岂因祸福避趋之"的坚定信念，历来为人们传为美谈，奉为圭臬。

今天，我们在郭明义身上，再次看到了对这种优秀传统的继承和发扬。具体表现就是，他时时处处服从国家的需要，把国家的、人民的利益放在最前面。国家需要他服兵役时，他就去当兵；需要他开汽车时，他就当驾驶员；需要他给外国人当翻译，他就学英文。特别是当外方人员为了表示感谢送给他钱物时，他一概不接受；用高薪吸引他跳槽时，他不为所动。这都是为什么？他的回答一句话是："一个共产党员，要为党、为国家、为人民的事业奉献自己的一切，这是天经地义的，不需要任何理由！"另一句话是："图的是为党争光、为国分忧、为民谋利。"

邓小平曾说："中国人民有自己的民族自尊心和自豪感，以热爱祖国、贡献全部力量建设社会主义祖国为最大光荣，以损害社会主义祖国利益、尊严和荣誉为最大耻辱。"[1] 郭明义真正用行动落实了这些要求。他虽然没有讲多少爱国的大道理，但我们从他的全部行动上，可以感受到他对国家的一腔赤诚，对人民的无比热爱。

二是尚义。当下，不管人们对媒体宣传先进典型抱有什么偏见，但凡是读了、听了或知道了郭明义扶弱济贫、捐钱献血等事迹的人，无不由衷地佩服郭明义是个大好人，是个仁义之人，是个有情有义的汉子。而"仁义"二字，正是中华民族传统美德中的一个核心概念。

什么是仁？孟子的解释是："仁者爱人"，就是思想上时刻关心爱护别人。什么是义？孔子解释说："义者宜也"，就是做的事都是合适的、应该的。前者强调的是思想，后者强调的是行为。推崇仁义、提倡仁义，从根本上说就是要从思想到行动都能正确处理个人与他人、个体与整体、公与私的关系，遇事先考虑别人、先考虑整体、先考虑公益。

---

[1] 《邓小平文选》第3卷，人民出版社1993年版，第3页。

这就是《礼记·礼运篇》中说的:"人不独亲其亲,不独子其子,使老有所终,壮有所用,幼有所长,鳏寡孤独废疾者皆有所养","货恶其弃于地也,不必藏于己;力恶其不出于身也,不必为己"。这就是中国人世世代代向往的"大同世界"。

为了达到成仁成义的目标,无数志士仁人无不把急公好义、义以为上、见利思义作为高尚的道德选择,即使面临生死关头,毅然喊出的也是"无求生以害义,有杀身以成仁"的铿锵誓言。郭明义以人民利益至上为价值取向,把关爱他人当作最大幸福,是传统尚义精神在新的历史条件下的升华。他爱党、爱国家、爱人民,爱认识的或不认识的所有需要帮助的人,同时也爱自己的父母、爱自己的妻子、爱自己的女儿,既追求社会和谐,也营造家庭美满,有情有义,全心全意。这就是郭明义这个典型让人们特别感动、特别佩服的地方。

三是自强。刚健有为、自强不息,在任何困难面前,在任何艰苦的环境下都不低头、不服输,爱岗敬业,埋头苦干,是我们中华民族的又一个优秀传统。

《周易》中有一句广为传诵的名言:"天行健,君子以自强不息。"就是说,天体运行刚健强劲,永不止息,故称为"健",而道法于天,故志向高远的君子应像自然界斗转星移、日夜交替、四时接续一样刚健自强,进取不已。五千年来,中华民族正是在这种自强精神的激励下,创造出无数辉煌的业绩。

翻阅历史可以明显看到,这种自强精神在军人身上表现得尤为集中、鲜明。因为从历史上看,军人的使命就是"执干戈以卫社稷",战争中不可避免的蹈险履难,流血牺牲,总是能够激励军人向种种人生的极限发起挑战。比如在古代军旅诗词中,我们就能看到这样宏大的志向:"黄沙百战穿金甲,不破楼兰终不还"(王昌龄《从军行》),就能感受到这样豪迈的气概;"一身能破两雕弧,虏骑千重只似无"(王维《少年行》),就能震撼于这样远大的胸怀;"丈夫岂为酒色死,战场横尸胜床笫"(陆游《前有樽酒行》),就能感动于这样高尚的情操;"裹尸马革英雄事,纵死终令汗竹香"(张家玉《军中夜感》)……郭明义

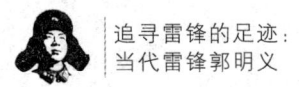

是当过兵的人。他自己总说:"部队是个大熔炉,进去是铁,出来是钢。只要不怕苦,总能炼成钢!"这是郭明义的感受,也是有过当兵经历的人共同的感受。

在漫长的岁月里,中华民族屡经磨难,甚至几临倾覆厄运,却一次又一次地衰而复兴、蹶而复振,根本原因就是这种刚健有为、自强不息的民族精神起着凝聚民心、军心的作用。

四是乐善。善即善良,善良就是富有同情心,看不得别人受苦受难,看见了就要帮助,就要尽自己所能使别人摆脱苦难。照孟子的说法,这种善良就是"恻隐之心",就是"不忍人之心"。看到一个小孩子要掉到井里,不管认识还是不认识,都要去救,这就是"不忍人之心"。如果一个人没有这种起码的同情心,按孟子的说法那就"非人也",就不是人了,就是禽兽了。

因此我们可以说,积德行善也是中国传统文化一个最重要的特质。宣扬儒家思想的《三字经》,第一句话就是"人之初,性本善"。道家的老祖宗老子也说:"上善若水,水善利万物而不争"。至于从国外传来的释家也就是佛家,更是自称"广结善缘、普度众生",强调"众善奉行,诸恶莫做,慈悲为怀"。观音菩萨是"大慈大悲"的典型形象。慈,就是给所有的人以欢乐;悲,就是救所有的人脱苦难。

更为可贵的是,中华民族的传统道德不仅主张人应该行善,而且从根本上认识到只有行善,才能使人得到真正的快乐和真正的幸福。《易经》中就有这样的话:"积善之家,必有余庆;积不善之家,必有余殃。"就是说,做善良之人,行善良之事,既能带来他人之乐、社会之乐,也能为个人和家族积福积乐,绵延无尽;而干伤天害理的恶事,自己难免"恶有恶报",也会给家族和后代带来祸患。从中可以看出,行善为乐,乐善好施,助人为乐,天道酬善,在做善事、当善人过程中就可升华精神的境界,体会人生的快乐。

孔老夫子曾这样称赞自己的得意弟子颜回:"一箪食,一瓢饮,在陋巷,人不堪其忧,回也不改其乐。贤哉回也!"他还说:"饭蔬食,饮水,曲肱而枕之,乐亦在其中矣!"孔子称赞的颜回和孔子自己的体会，虽然并没有举出什么具体的善行善举，但他在这里讲的快乐，显然与物质享受无关，而是安贫乐道的表达，这些都是以高尚的品质和卓越的精神追求为前提的。因为他明确地说过："不义而富且贵，于我如浮云。"就是说，那些建立在不善的基础上而获得的名利地位，都像天上的云彩一样和我没什么关系。

郭明义做了那么多好事善事，付出了那么多钱财和热血，可是这种付出没有让他心疼、懊悔，更没让他产生什么失落感、吃亏感，而是给他带来了巨大的快乐和幸福。他自己说："看到别人苦我心里也苦，看到别人幸福我也觉得幸福。帮助别人改变命运，比啥都幸福！"用他那句人们熟悉的话来概括，那就是"帮助别人，快乐自己"。郭明义的幸福观就是这么简单。相比之下，现实中那些把追求高官厚禄当作幸福的人，那些把腰缠万贯掷金如土当作幸福的人，那些坚持"宁愿坐在宝马车里哭，也不愿坐在自行车上笑"幸福观的人，他们遇到的苦恼是何其多也，又是何其让人不屑！

因此，在今天人们享受的物质条件大大改善，而很多人的幸福感反而还赶不上物质匮乏年代的情况下，郭明义对中华民族乐善好施传统的继承和示范，应该说确实给我们指明了一条既简单又可行的直达幸福境界的康庄大道。

二、郭明义身上折射出的传统文化光辉，对我们继承发扬中华民族优秀传统美德的启示

（一）对传统美德应该有一种欢喜心和敬畏心

国学大师钱穆曾经指出，中国文化的特性之一，就是善于继承和积累，重视传统和历史，因此，必须对民族的文化和历史抱有足够的温情和敬畏。当代著名文化学者余秋雨也说："天下最让我生气的事，是拿着别人的眼光说自己的祖祖辈辈都活错了。"几千年来，中华民族创造了无数辉煌，正是中国古代文化在发展过程中不断被继承的结果。今天我们要在中国实现文化的现代化，也必须立足于既有的民族传统、文化传统、历史传统，这不是应该不应该的问题，而是别无选择、不得不如

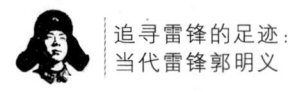

此的问题。没有对传统文化成果的"保而守之",创新就成了无源之水,无本之木,空中楼阁。

过去,我们曾片面地理解无产阶级革命要与传统的所有制实行最彻底的决裂,所以也必须与传统的观念实行最彻底的决裂,于是在"文革"曾闹出了大破"四旧"的反文化行动,留下的教训十分深刻。党的十八大报告指出:"文化是民族的血脉,是人民的精神家园。"这里讲的文化,无疑是包括了传统美德在内。2006年4月21日胡锦涛同志在美国耶鲁大学演讲中精辟地指出:"一个民族的文化,往往凝聚着这个民族对世界和生命的历史认知和现实感受,也往往积淀着这个民族最深层的精神追求和行为准则。"今天,我们从郭明义身上再次看到了中华民族传统文化所具有的强大生命力,因此,必须进一步坚定将中华文化薪火相传的决心和信心。

(二) 要熟悉文化经典

尊重文化传统不能停留在口头上,我们必须明白传统文化究竟有些什么。《周易》有言:"君子以多识前言往行,以畜其德。"就是说,只有凭借多多记住前贤往哲的嘉言懿行,才能积蓄自己的道德根基。中国古代典籍浩如烟海,其中以《五经》、《四书》最具代表性。这些文化经典,既是几千年来中国文化的源头,同时也是中华民族核心价值观的集中体现。但是在过去相当一段时间内,这种传统的文化经典一概被斥为"封建糟粕",连历代被尊为文化圣人的孔夫子也成了人人可以嘲笑的"孔老二"。学校课本中传授文化经典的文言文越来越少,导致许多人对古代文化知识处于茫然无知状态,这种文化上的"断层"带来的严重后果,今天人们在现实生活中已经越来越明显地感受到了。为了改变这种状况,现在社会上"读经"的呼声日益强烈。有专家建议首先选《四书》进中学课堂,作为国民教育的基本读本。应该说,这些都是值得重视的意见。

(三) 注意发现宣扬普通百姓身上的传统美德

孔子早就有言:"礼失而求诸野"。几千年来,中华宝贵的文化传统既在汗牛充栋的书卷典籍中保存流传着,同时也已经无孔不入地渗透在了中国人的观念、行为、习俗、信仰、思维方式、情感状态之中,融入了整个社会的文化心理结构之中,从而成为人们处理各种事务、各种人际关系和社会生活的基本准则。这种存在于一代代人身上的鲜活的传统,比起那些书本上的"高头讲章"来,实际上有着更强大、更旺盛的生命力和影响力,就像我们今天在郭明义身上看到的一样。在郭明义的言谈中,也许我们看不到那些经常被引用的"子曰诗云"之类的名言警句,但我们从他的行动中,可以感受到中华民族的优秀传统文化和道德观念已经不知不觉地渗透到他的思想、习惯、灵魂和精神的方方面面。

《中庸》有言:"君子之道费而隐。夫妇之愚可以与知焉,及其至焉,虽圣人亦有所不知焉。夫妇之不肖,可以能行焉,及其至焉,虽圣人亦有所不能焉。"就是说,君子的道广大而细微,普通男女虽然愚昧,也可以知道君子的道;至于道的最高处,即便是圣人也有了解不到的。普通男女虽然不贤明,也可以实行君子的道;至于道理的最高处,即便是圣人也有实施不到的。总的意思就是普普通通的老百姓,也可以了解传统文化、践行传统文化。这样讲是完全符合实际情况的。今天我们只要仔细观察分析,就会发现许多人身上也有像郭明义精神一样的闪光点,只不过这种光亮不如他那么强烈、那么集中罢了。但是,只要我们坚持不断的挖掘这种闪光点,大力宣传这种闪光点,就一定能使传统美德得到发扬光大,在生活中蔚成风气。

(四)传统美德也要与时俱进,适应新时代,进入新境界

道德都是适应社会经济的发展而生存的,也必然随着经济社会的发展而不断地弃旧图新,充实新的内容,展现新的形态。今天,我们已进入社会主义社会,已进入全球化、信息化时代,因此,在文化建设上一味复古并不可取,"率由旧章"更是做不到。搞好思想道德建设,必须坚持时代精神、传统文化与吸收外来文化有益成分的结合,也就是党的十八大强调的,既要"弘扬中华传统美德",又要"弘扬时代新风"。我们说郭明义身上体现了中华民族的传统美德,这是一个方面;从另外的方面看,他身上更有对我们党在各个历史时期创造的革命精神和革命

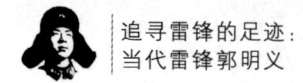

传统的继承,特别是对雷锋精神的继承和发扬,因而处处体现和洋溢着改革开放以来的蓬勃朝气、浩然正气、昂扬锐气。所以,我们学习郭明义精神,一定要适应时代,紧跟形势,全面地学,抓住本质学,才能收到扎扎实实的效果。

(作者系辽宁省社会科学界联合会《理论界》杂志执行主编)

推进学习雷锋和郭明义活动的常态化

吴 琼

党的十八大报告号召全党全军和全国人民,要推动学雷锋活动、学习宣传道德模范常态化。这是党中央为适应时代发展要求,顺应人民群众期待,着眼巩固团结奋斗的共同思想道德基础,对推进公民道德建设提出的新要求。"当代雷锋"郭明义是"助人为乐的道德模范,是新时期学习实践雷锋精神的优秀代表",深入持久开展学习郭明义活动,将有力推动学雷锋活动常态化。

一、坚持教育引领,不断激发积极学的动力

从雷锋到郭明义,雷锋精神激励了一代又一代人的成长进步,在中华大地得到接力传承与升华弘扬。大量事实证明,雷锋精神具有与时俱进的时代特点。正如胡锦涛同志深刻指出的:"雷锋这个光辉的名字和他崇高的精神品格,在历史发展中始终焕发着光彩。"新时期,深入开展学雷锋活动,必须不断深化认识,切实认清学雷锋、学郭明义的重大时代价值。

一是从雷锋到郭明义,集中体现了我们党的性质宗旨和先进性,具有历久弥新的时代价值。为人民服务是雷锋精神的核心,也是贯穿郭明义事迹的主旋律。为人民服务作为公民道德建设的核心,是社会主义道德区别和优越于其他社会形态道德的显著标志。它不仅是对共产党员和领导干部的要求,也是对广大群众的要求。郭明义参加工作30多年来,坚持不懈地弘扬雷锋精神,始终以一名共产党员的标准严格要求自己,他牢记宗旨、坚定信念、关心群众、服务群众,体现了雷锋精神先进性

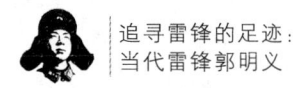
追寻雷锋的足迹：
当代雷锋郭明义

与广泛性的高度统一。

二是从雷锋到郭明义，传承了中华民族的优良品德，彰显了社会主义核心价值体系的精髓要义。雷锋精神与中华民族的传统美德一脉相承，既是中华民族传统美德的一种积淀与继承，更是中华民族传统美德的集中展现。雷锋精神作为中华民族的宝贵精神财富被郭明义接力传承。建设社会主义核心价值体系和中华民族共有精神家园，需要雷锋精神的大发扬，需要像郭明义这样的良好道德风尚的带头者，需要更多的、在各个岗位上的郭明义。

三是从雷锋到郭明义，雷锋精神被赋予新的时代内涵，成为构建社会主义和谐社会的丰厚精神资源。雷锋在郭明义心中播下了种子，而郭明义赋予了雷锋精神更鲜明的时代特征。郭明义以无私奉献的实际行动，生动回答了在新的历史条件下，如何正确认识和处理自我与他人、个人与集体、索取与奉献、平凡与崇高等人生课题，诠释了当代共产党人的坚定信念和高尚情操，赋予雷锋精神以新的时代内涵。深入开展学习郭明义活动，大力弘扬雷锋精神，是构建社会主义和谐社会的生动实践。

四是从雷锋到郭明义，辽宁这片沃土培养了两个重大典型，这是包括鞍山在内的各级组织和群众的共同财富。伟大的时代培育伟大的精神。雷锋和郭明义成长在辽河大地，是社会主义建设伟大实践孕育的时代楷模。各级组织务必强化责任意识、模范意识，采取措施不断激发人们学雷锋的原动力，让辽宁真正成为全国学雷锋、学郭明义的"排头兵"。

二、积极更新观念，切实找准深入学的路径

现在，社会环境、社会结构正在发生深刻变化，弘扬雷锋精神，学习郭明义同志，也应当在继承优良传统的基础上，树立新视角、确立新思路。

一是不断挖掘学。可采取多种形式，透过郭明义先进事迹，对雷锋精神的当代价值进行多侧面、多角度探讨研究，深入了解雷锋精神深刻

内涵和丰厚底蕴，以激扬广大群众心中蕴藏的美好思想品德，焕发人们建设文明风尚的积极性和思想道德建设热情，努力建设共有精神家园。

二是见诸实践学。学雷锋、学郭明义，学的是精神，见的是行动。只有把精神实质内化于心，外见于行，雷锋精神才能发扬光大。要避免"运动式"、"临时性"，要时时学、处处学，形成思想上认同、心灵上契合、感情上交融，最终转化为实践中行动。要把集中教育与日常活动结合起来，把普遍要求与解决具体问题结合起来，把学习活动融入日常学习工作中，贯穿到各个岗位、各个环节、各个时段。

三是融入发展学。雷锋精神产生在社会主义建设的伟大实践中，是传统美德同时代精神的完美结合。郭明义的先进事迹，同样是产生于构建社会主义和谐社会的生动进程中，深入开展学雷锋、学郭明义活动，要把雷锋精神融入全面建设小康社会发展、融入社会管理创新示范城市的建设、融入国际文化名城的建设，用伟大精神教育引导人，为地方经济社会发展提供有力的思想保障和不竭的精神动力。

三、改进方法手段，不断增强长期学的吸引力

当代青年兴趣多变、追求多样，对教育活动的思想性、时代性和趣味性要求较高。推动学雷锋、学郭明义活动常态化，要适应求新、求活、求实特点，充分运用现代人文和科技手段，不断创新方法、丰富形式，增强活动的吸引力、覆盖面。

一要设计新主题。内容鲜明、语言响亮的主题可以让人耳目一新，能有效提升活动的凝聚力。要根据形势发展变化，围绕不同时期、不同阶段任务设置主题，让活动为完成中心工作、推动建设服务。例如，当前可以围绕推动科学发展这个主题、加快生产方式转变这个主线设置主题，开展立足岗位学雷锋、学郭明义，推动科学发展当先锋主题活动；围绕党团组织创先争优，开展学雷锋、学郭明义，本职工作创先争优活动；围绕构建和谐社会，开展做新时代楷模主题实践活动，增强活动时代感。

二要运用新媒体。在信息传播手段日益发达的今天，网络、手机等

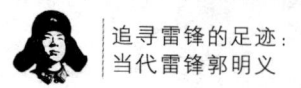
追寻雷锋的足迹：
当代雷锋郭明义

新型媒体深受人们追捧。推动学雷锋、学郭明义活动常态化，在发挥报纸、电视、广播等传统媒体作用同时，更要充分发挥互联网文化宣传覆盖面广等优势，通过建立学雷锋、学郭明义网站，编写短信，开设微博等形式，增强实效性、互动性，让活动永葆生机活力。

三要引进新元素。学习活动能不能吸引更多人自觉响应，从组织形式上引进一些时尚元素，体现先进文化很有必要。比如，设立"我学习我快乐，学雷锋、学郭明义"活动日，开展学雷锋志愿者服务，评选学雷锋、学郭明义党（团）员先锋岗，设计学习活动系列动漫，组织主题DV拍摄竞赛，趣味活动游戏等，积极推动学习活动深入持久开展。

四、健全制度机制，努力为持久学提供保证

学雷锋、学郭明义是一项长期任务，必须锲而不舍、久久为功，一步一个脚印地加以推进，其中一个重要方面，就是建立常态化的保障机制。

一要建立领导机制。建立党委统一领导，由组织、宣传部门牵头，有关部门各负其责，机关基层互动、各方面广泛参与的领导体制和工作机制，加强统筹协调，加强工作指导，形成齐抓共管、合力推进的工作格局。

二要建立考查考评机制。从组织领导、工作计划、制度落实、活动成效等方面明确单位考评细则，从理论学习、完成任务、遵章守纪、品德修养等方面明确个人考评内容，真正使"软指标"成为衡量单位全面建设的"硬尺子"，成为评定个人追求进步的"度量衡"。

三要建立激励机制。就全国来说，可设立国家级的"雷锋道德奖"。各级、各单位，也应结合自身实际，采取有力措施，及时选树、宣传、表彰在学雷锋、学郭明义活动中涌现出的先进典型，形成"谁学谁光荣，谁学谁受敬佩"的良好导向。通过硬举措、软环境，推进学雷锋、学郭明义"内化于心、固化于制、外化于行"，做到常学常新，常抓常青。

五、大力营造氛围，切实形成主动学的环境

一是让雷锋形象入眼。可通过设置雷锋、郭明义展室，悬挂雷锋、郭明义画像，收听当年雷锋讲话录音、观看郭明义报告录像等，让人民群众和广大青年与雷锋和郭明义"零距离"接触，始终将雷锋、郭明义立为共同精神"偶像"。特别是各级领导干部，要模范带头，言出行随，说到做到，有效发挥示范作用，树立鲜明学习导向。

二是让雷锋事迹入耳。就是通过请郭明义、雷锋生前战友、雷锋班历任班长、雷锋连干部、全国各地学雷锋典型，为大家讲解雷锋故事、雷锋事迹，让他们与群众进行交流互动，最大限度地帮助人们走进雷锋精神。

三是让雷锋精神入脑。可针对不同层次人们的特点和实际，不断细化雷锋精神教育，由小及大、由近及远地让大家接受雷锋精神的熏陶和教育。同时，还要使学雷锋活动进一步增强时代感和鲜活性。既运用传统的参加报告会、阅读书籍、观看电影、学唱歌曲等手段，更要注意充分发挥网络、手机、微博、热线、邮件等新兴媒体的优势，特别是加强"当代雷锋"郭明义微博的推广，以及通过文艺形式千方百计活化和加重学雷锋氛围，触动广大群众心灵，使群众积淀对雷锋的情感，启发主动学雷锋的强烈愿望，无论在哪，无论从事什么行业，都能展现和散发雷锋精神。

（作者系沈阳军区政治部宣传部副部长）

时代呼唤郭明义精神

李刚英

一、精神是民族之魂

精神,包括思想、文化、信念、志向、气质、气魄等要素,它与物质紧密相连、相辅相成,又是相互作用、相互依存的有机整体。物质可以变精神,成为精神的固化载体;精神也可以转化为物质,成为物质的延伸、强化和保障。精神,是国家之魂,民族之脊梁,也是一个人信念的寄托。

德国著名的哲学家、思想家黑格尔有一句名言:"时代精神是每一个时代特有的普遍精神实质,是一种超脱个人的共同的集体意识。"在如今市场经济日趋全球化的新形势下,西方许多发达国家并非只见物不见人,而是注重提炼和弘扬时代精神,对我们颇有借鉴和启示意义。西方一些发达国家,对时代精神的弘扬,不仅通过一般意义上的思想道德教育,而且往往采取某些高度政治化的举措,把时代精神渗透于社会生活的方方面面。比如,针对其传统的管理体制的组织机构臃肿、投入成本高、产出效率低下,管理者思想僵化封闭、规制繁杂、金钱至上、私欲膨胀、公权异化等弊端,他们积极应用企业绩效评估与管理的理论和实践,普遍实施了政府绩效评估与管理,并逐步正规化、系统化、规范化。

美国作为当今世界最发达的国家,在时代精神弘扬方面也有其特殊的经验。1976年,美国科罗拉多州的日落法,率先把政府绩效评估推进到了法制化的阶段。进入20世纪80年代,政府绩效评估已经在美国全面展开。由此,体现爱国、独立、诚信、竞争、合作、平等、自由、

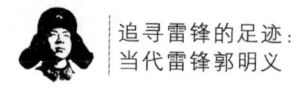
追寻雷锋的足迹：
当代雷锋郭明义

奋斗、诚信、包容、崇尚英雄等主要元素的美国精神，得以一定的弘扬和传承。

中华民族五千多年的文明，形成了以爱国主义为核心的团结统一、爱好和平、勤劳勇敢、自强不息、革故鼎新的伟大民族精神，并深深熔铸于中华儿女的血脉之中。中国共产党在90多年革命、建设和改革的进程中，培育形成了独具特色的一系列伟大精神，正是中国共产党的根本宗旨、科学理论体系、崇高理想信念、高尚道德追求、优秀政治品格、优良工作作风、积极精神风貌的凝聚和结晶。其中既有展现我们党的整体风貌的井冈山精神、长征精神、延安精神、西柏坡精神、大庆精神、"两弹一星"精神、抗震救灾精神、改革创新精神等，又有折射我党我军千千万万英模人物光辉形象的黄继光精神、孟泰精神、雷锋精神、铁人精神、孔繁森精神等。这些伟大的时代精神，贯穿于一代又一代共产党人对民族振兴、国家富强、人民幸福的不懈追求，在坚守与变革、继承与创新的有机统一中，既一脉相承又与时俱进，为党的事业和人民的福祉，提供着永不枯竭的动力源和强大的正能量。

邓小平同志曾经深刻指出："发扬革命和拼命精神，严守纪律和自我牺牲精神，大公无私和先人后己精神，压倒一切敌人、压倒一切困难的精神，坚持革命乐观主义、排除万难去争取胜利的精神，取得了伟大的胜利。"① 在社会主义现代化建设新时期，科学认识与分析时代，进一步弘扬时代精神，既是构建社会主义和谐社会的必修课，也是我们党建设中国特色社会主义的政治智慧所在。"当代雷锋"郭明义，就是体现中华民族传统美德、中国共产党人先进性、中国工人阶级优秀品质的时代精神的杰出代表。

党的十八大报告强调，全面提高公民道德素质，这是社会主义道德建设的基本任务。要坚持依法治国和以德治国相结合，加强社会公德、职业道德、家庭美德、个人品德教育，弘扬中华传统美德，弘扬时代新风。推进公民道德建设工程，弘扬真善美，贬斥假恶丑，引导人们自觉

---

① 《邓小平文选》第2卷，人民出版社1994年版，第368页。

履行法定义务、社会责任、家庭责任，营造劳动光荣、创造伟大的社会氛围，培育知荣辱、讲正气、作奉献、促和谐的良好风尚。加强和改进思想政治工作，注重人文关怀和心理疏导，培育自尊自信、理性平和、积极向上的社会心态。深化群众性精神文明创建活动，广泛开展志愿服务，推动学雷锋活动、学习宣传道德模范常态化。

雷锋，一个普通战士的名字，自1963年3月5日毛泽东主席题词"向雷锋同志学习"发表至今，历经50年的风风雨雨，人们仍然在呼唤雷锋。是什么原因使他的生命，能够穿越50年中国社会生活的巨大变迁，雕刻着亿万中国人的心灵世界？又是什么理由，让我们今天的时代，让我们的世界，依然需要他精神的光耀与弘扬，呼唤他平凡而伟大的名字？

千条江河归大海，是因为大海能够无私地将这些水又反哺给地球和人类。郭明义从自己学雷锋、做好事，发展到今天拥有几百万人大军的郭明义爱心团队，是因为郭明义顺应了时代的潮流，时代呼唤郭明义。

在建设具有中国特色社会主义的今天，我们学习雷锋、郭明义，就是要在我们的时代重新建立真善美，与我们民族的良知美德相一致的核心价值观。应该说，这是一件再筑崇高的伟大工程，是功在当代、利在千秋的好事。

"郭明义"三个字，已经不简单的是一个人名，而是新时代雷锋精神的代表，是共产党人全心全意为人民服务宗旨的忠实体现。郭明义在力所能及的情况下，献出自己的光和热，他献出的不仅仅是微薄的工资、鲜红的血液，而是中华民族的传统美德，是一个善良中国人的一颗赤诚的心。因此，他能够招来几百万、上千万的粉丝和他组成爱心团队，为普天下的百姓奉献救命的血、解困的钱。

二、时代需要郭明义精神

所谓郭明义精神，就是在新的形势下，振奋精神、坚定信念，牢记宗旨、服务群众，立足本职、创先争优，在改革开放和社会主义现代化建设各项事业中充分发挥战斗堡垒作用和先锋模范作用。

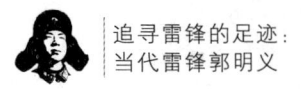
追寻雷锋的足迹：
当代雷锋郭明义

　　历史发展到了今天，有人说，现在都什么时候了，还用得着学习雷锋、郭明义么？我们的回答是：我们过去需要、今天需要、将来永远需要。

　　尽管我们所处的时代与以往的任何时代都不同，然而不要忘记，中华民族的传统美德是没有区别的。

　　在中国古代，历朝历代都有一批又一批的志士仁人，为了维护中华民族的传统美德，抛头颅、洒热血，出现了灿若星辰的民族英雄。他们是我们学习的榜样，是我们中华民族的脊梁。

　　在革命战争年代，又涌现了无数的英雄模范人物，他们的身上，具有明显的时代特征。他们为新中国的诞生和巩固发展，奉献了自己的鲜血甚至生命，为共和国的大厦奠定了坚实的基础。他们是我们永远学习的榜样，他们的精神，是我们建设具有中国特色社会主义的瑰宝。

　　在社会主义革命和社会主义建设时期，我们国家又出现了一批又一批的英雄人物，在他们的身上，也牢牢地印着时代的痕迹。他们为推动历史的进步，做出了极大的贡献。

　　在建设具有中国特色社会主义的时代，在物欲横流、金钱至上的时候，我们国家又涌现了一大批像郭明义这样的感动中国人物，他们是我们这个时代的骄子，是新时期的活雷锋。郭明义和他的团队，就是率先继承和发扬了这种精神的哲人，是新时代雷锋精神的传人。

　　胡锦涛同志就学习、宣传郭明义先进事迹作出重要指示。他指出，郭明义同志是助人为乐的道德模范，是新时期学习实践雷锋精神的优秀代表。要大力宣传和弘扬郭明义同志的先进事迹和崇高品德，为构建社会主义和谐社会提供强大精神力量。

　　李长春同志也深刻指出，郭明义同志的先进事迹和崇高精神，赋予了雷锋精神新的时代特征，体现了全体人民的道德追求，展示了中华民族的优秀品质，诠释了社会主义核心价值体系的深刻内涵，生动回答了在新的历史条件下，如何正确认识和处理自我与他人、个人与集体、索取与奉献、平凡与崇高等人生课题，对广大人民群众特别是青少年树立正确的世界观、人生观、价值观，具有十分重要的教育意义。要通过大力宣传郭明义同志的感人事迹和崇高精神,激励更多的人爱岗敬业、助人为乐,推动更多郭明义式的道德模范和雷锋传人涌现出来,凝聚起建设社会主义核心价值体系的强大力量,不断巩固全党全国各族人民团结奋斗的共同思想基础,为夺取全面建设小康社会新胜利、开创中国特色社会主义事业新局面作出贡献。

李长春强调,深入开展向郭明义同志学习活动,学习他始终保持共产党人的政治本色,坚持全心全意为人民服务的坚定理想信念;学习他在新时期传承和弘扬雷锋精神,艰苦奋斗、无私奉献的高尚道德情操;学习他热忱为他人排忧解难,用真情化解矛盾、促进社会和谐的崇高精神境界,努力在全社会形成向郭明义同志学习、传承雷锋精神、共建和谐社会的浓厚氛围。

三、雷锋、郭明义精神永不过时

人与其他动物一样,都是通过运动来获得必要的生存条件。但是,动物的行为是一种本能的活动,而人的行动则是有意识、有目的的能动活动。支配人们行为的精神力量就是意志。苏轼曾这样说过:"古之立大事者,不惟有超世之才,亦必有坚忍不拔之志。"王安石在《游褒禅山记》中也曾写道:"夫夷以近,则游者众;险以远,则至者少。而世之奇伟、瑰怪、非常之观,常在于险远,而人之所罕至焉,故非有志者不能至也。"要使事业获得成功,达到理想的顶峰,需要行动,需要意志,尤其是需要坚强的意志。

《老子》中有言:"知人者智,自知者明;胜人者有力,自胜者强。"作为精神,它不仅包括知人的智慧,也包括知己的智慧。有了智慧,人们就能够认识事物的本质,把握事物运动规律,利用自身的优点,抓住对手缺点,积极创造条件,去取得实践的胜利。一个人只有有了这种精神,才能够无往而不胜。

有人曾断言"雷锋精神过时了"。从雷锋的时代至今,新中国经历了从高度集中的计划经济体制到充满活力的社会主义市场经济体制,从农业社会到工业社会,从封闭、半封闭到全方位开放的伟大历史转折。

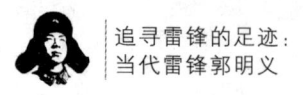

时代场景发生的巨大变化,深刻地影响了一个民族的道德取向和精神建构。但在不同历史时期,那些与雷锋具有同样精神内核的人们,依然把社会的价值呼唤、时代的道德理想,以全新的形式赋予"雷锋",让雷锋精神从来就不是一种凝固僵化的道德教条,而是一个与时俱进的精神标杆。

应当看到,我们的社会在当前一片歌舞升平的情况下,还是存在着不少不和谐的、跑调的东西。这些东西尽管占我们全民族的极少数,然而却不可小觑。尤其是经过媒体的炒作、渲染,就自然而然地夸大了这些乌七八糟的东西。再加上我们部分官员的漠视和冷淡,某些法律工作者的不负责任,致使这些极少数的东西泛滥成为一股很有市场的黑恶势力。以至使好人不好当、不好做,甚至想做又不敢做。

雷锋、郭明义是最普通的人,做着最普通的事,这也是绝大多数共产党员对自己的要求定位。但现在有的党员干部,处处追求地位凸显、居高临下,处处讲究官场的阶位等级,已与党的宗旨相违背。忘我助人者得到的不是感激而是质疑甚至讹诈,见义勇为者遭遇困境却求助无门。这就需要我们既要为雷锋、郭明义营造广受尊重的社会氛围,又要着力解决他们的后顾之忧,使他们不致因学雷锋添了烦恼、多了困难、惹了官司。随着岁月的推衍,雷锋及郭明义精神存在被解构、被曲解、被淡忘、被嘲讽、被"标签"的诸多演绎。

现在,在我们的官员队伍里,还有人把大吃大喝、嫖娼、索贿、受贿、赌博等恶习拿出来在同行面前炫耀。不以为耻,反以为荣,这些人就是丧失了起码的精神,因为他们不懂得情欲与节制。

如果情欲得不到较好的控制,就会出现情欲的泛滥,危及人身,殃及社会,如暴食、酗酒、吸毒等都是不良情欲的表现。为了防止情欲的泛滥,使之有利于人体和社会,就需要对情欲进行适度的满足和控制,以实现情感的升华,这就是节制。节制是在理性的指导下做出的意志行为。一个人越历练,智慧越发达,意志越坚强,其自我控制能力就越强,就越容易做到节制,"关公刮骨疗毒"就是较好的证明。相反,一个愚蠢而又意志薄弱的人,是很难抵制情欲的诱惑的。在生活中,要做到节制,"乐而不淫,哀而不伤",泰山崩于前而色不变,麋鹿兴于左而心不移,就需要长期刻苦磨炼。就像西方一位哲人所言:训练你的大脑去思考,训练你的心去忍耐,经过日积月累,不断地训练,节制的品质自然能够具备。

无节制的人,别看他们虽然是极少数,但是,他们的能量却不可小觑,就是他们,败坏了我们党的好作风;就是他们,隔阂了共产党与人民群众的鱼水关系。此类人不除,民无宁日,国无宁日。在这种人除不净的情况下,人们当然想念雷锋、呼唤郭明义这样的好人了。

一些人帮助别人,却遭到了无聊的打击;一些人见义勇为,结果却被诬赖;一些人想做好事,结果是反被嘲讽与亵渎;一些人做了好事,却被推上了被告席。这些说明了什么?

这些都说明了一个问题,那就是,在我们建设具有中国特色社会主义的国度里,还存在着种种不和谐的音符。然而,有人要问,这些东西是如何死灰复燃的呢?

在十年浩劫的文化大革命时期,中华民族的优秀道德传统被当做"封资修"予以残酷打砸,是非不分,青红难辨。1978年邓小平复出之后,实行了一系列的改革开放措施,我们国家向外打开了窗户,敞开了国门。大量的外商、外资进入我国,为使我们尽快步入小康社会,其功劳是光耀史册的。与此同时,必须看到,在这光辉的背后,伴随着大门、窗户的打开,一些"苍蝇"、"蚊子"、"细菌"等也乘虚而入,资本主义的糟粕也跟着进来了。他们严重败坏了我们的社会风气,加上文化大革命十几年的动乱,使新中国成立以来就灭迹了几十年的娼妓死灰复燃,赌博、吸毒、走私、黑恶势力猖獗等社会丑陋现象都出现了。正因为如此,我们的社会才出现了好人怕坏人,好人不敢做好事的怪现象。

郭明义在学雷锋的初期,在他未出名之前,不是有不少人管他叫"郭大傻"么,为什么?就在于人们的观念不同。这些人其实也是在适应时代,只不过是错误的适应了错误的时代潮流罢了。在这个时代,我们再次深入地学习雷锋、弘扬郭明义精神,不仅仅是为了延续一种惯

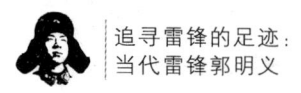
追寻雷锋的足迹：
当代雷锋郭明义

性，还有更多的现实需要。社会急剧转型，加之多元观念的碰撞，确有不少人被甩出了时代的列车或者正感受着内心的迷茫。此时，我们需要一根"定海神针"，指引我们走得更稳健、更踏实。时代对待雷锋及郭明义精神的态度，反映的恰恰是我们自己对待做人的态度，对应的正是做人美德在社会中的地位。

2013年，是雷锋同志牺牲51周年，同时，也是毛泽东同志题词"向雷锋同志学习"发表50周年。"做老实人、办老实事、说老实话"、"对待同志要像春天般温暖"、"这是我应该做的"……雷锋、郭明义的精神，无一不引起人们对一个时代的美好追忆，同时，更是当今时代的呼唤。

在小说《西游记》里的孙悟空，虽然历经磨难，但他百折不挠，勇往直前。师傅唐僧多次误解他，猪八戒多次冷嘲热讽，从中撺掇，挑拨离间，给他带来了无穷无尽的灾难。但是，他矢志不渝，就在于他有一个坚定的信仰。因此，毛泽东曾经写诗呼唤孙悟空："今日欢呼孙大圣，只缘妖雾又重来"。我们今天呼唤郭明义，就在于人民需要这样的人物，社会需要这样的人物，祖国需要这样的人物，时代需要这样的人物。我们的时代呼唤郭明义，我们的时代需要千千万万的郭明义，就在于我们需要他们。我们要落实党的十八大精神，在建设一个美丽中国的征程上，必须把雷锋、郭明义精神发扬光大，在以习近平为总书记的党中央领导下，把中国的事情办好，把中国建设得更美丽。

在我们的社会里，没有任何人不需要帮助就能够办成事，尤其是大事。有谁见过，有这么一家是"灶坑打井，房顶开门"的？没有。不管是什么人，都要在大家的帮助下生活。大到宇宙飞船上天，小到居家过日子，哪一件能够离开他人的帮助？什么都离不开。

譬如，一个人就因为某些特殊血液的缺乏，命悬一线，你慷慨捐献了自己的鲜血，就可能把这个人从死亡线上拉回来，救人一命，胜造七级浮屠啊；一个孩子可能就因为几百块钱，面临辍学的危机，你献出几百元，就可能使他有了转变人生命运的机会。济危扶困，从来就是我们中华民族的传统美德。

郭明义所做的就是这么既简单又平凡的事情，但是，他既简单又平凡的行动，却使几百人直接受益。如果我们能够有更多的人像郭明义一样，那么，我们的社会就会面貌一新。

"勿以善小而不为"。今天，我们高兴地看到，像郭明义一样的人已经不是几个、几十个、几百个，而是几百万、几千万，这是一支特别能战斗的队伍，这是一条中华民族坚实的脊梁。在2012龙年春节的时候，鞍山某临产产妇急需血小板救命，郭明义"节日血小板应急救援队"多名队员第一时间赶到血站献血，使产妇母子获救。我们的时代，如果人人都能够像郭明义一样，每个人都献出一点爱，那么，我们的社会就会变成温暖的大家庭。

雷锋同志生前曾经说过："帮助别人，就是帮助自己。"事实上，我们在帮助他人的同时，也是在帮助自己。当他人有了困难，你帮助了他；如果你有了困难，别人也会这样来帮助你。我帮你，你帮我，大家兄弟一家，和睦相处，人人无后顾之忧，一心一意谈学习、钻科研、搞建设、谋发展，何愁我们国家不兴旺发达，我们的社会风气不和谐呢？

我们要向郭明义同志学习。学习他牢记宗旨、坚定信念的政治品质，学习他恪尽职守、争创一流的敬业精神，学习他克己奉公、奉献社会的高尚情怀，学习他扶危济困、团结互助的优良品德。要像郭明义同志那样，忠诚于党和人民的事业，把坚定理想信念和在本职岗位上创先争优结合起来，把爱党、爱国之情转化为报效祖国、服务人民的实际行动，自力更生、艰苦创业，履职尽责、苦干实干，以饱满的工作热情、奋发有为的精神和勤奋扎实的工作，努力在平凡的岗位上，争创先进、争当优秀，创造无愧于时代、无愧于人民的业绩，展现新时期共产党员的政治本色和精神风貌。

四、怎样弘扬郭明义精神

学习郭明义是时代的需要，在我们今天这样的时代，我们依然需要艰苦创业、积极进取、自强不息、奋力拼搏的奉献精神，依然需要顾全大局、忠于职守、克己奉公、以国家和集体利益为重的主人翁态度，依

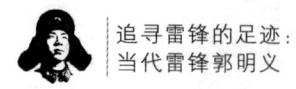
追寻雷锋的足迹：
当代雷锋郭明义

然需要相互尊重、助人为乐、诚实守信、和谐融洽的良好社会风尚。而这一切，何尝不是雷锋以及郭明义精神所蕴藏的丰富内涵？一边是对雷锋的疏离、怀疑甚至解构，另一边却是对雷锋的认同、呼唤乃至回归。这样的矛盾，正凸显我们时代的道德困惑：在汹涌的商品浪潮中，社会如何找到一种核心的价值？在多元的社会思潮里，个人如何构造一种心灵的支撑？在物欲的诱惑侵蚀下，时代如何唤回一种实践的德行？

雷锋、郭明义精神产生于社会主义建设的火热实践中，符合时代进步的潮流；他们的精神与我们党全心全意为人民服务的根本宗旨相一致，体现了共产党员的特殊品格；他们的精神继承了中华民族几千年的优良传统，体现了伟大的民族精神。人们需要以这种"精神原型"为内核，为全速前进的中国，构建一个精神家园；为深刻转型的社会，寻找一种心灵动力。正因为如此，党中央发出向郭明义学习的号召，有着强烈的时代意义，也有着深厚的民意基础。这是树立和践行社会主义荣辱观的重要方法，是构建社会主义核心价值体系的必要一环，更是建设社会主义文化强国的有效支撑。

我们要学习郭明义、呼唤郭明义，就应当在实际生活中真学、真懂、真用、入脑、入心，真正把郭明义精神落实在我们的行动中，牢记共产党员全心全意为人民服务的宗旨，做一个对人民有用的人，一个脱离了低级趣味的人，一个像雷锋、郭明义一样的人，一个无愧于子孙万代的哲人。

我们学习雷锋、郭明义，必须做好以下几项工作：

一是党委、政府要从政策上对好人好事加以保障。对于那些好人好事，我们不能仅仅停留在口头表扬上，我们还应当从政策上保障这些好人的利益与名誉不受侵犯。这就需要我们出台一部分有关政策。如对捐献血液者的保护机制、对于见义勇为者的评价和褒奖机制、对做好事的好人被冤枉的处理机制等，都需要我们出台一系列的政策加以保障。现在，我们有相关政策规定，但是，我们在处理一些比较棘手问题的时候，就不要被政策所束缚，要学会因地制宜、与时俱进，要学会科学处理问题，那才会无愧于那些因做好事而被歧视的好人的良心，才会使那些因做好事而光荣牺牲的好人们及其家属,不再因我们的漠视而伤透了心,让那些旁观者为之寒心。

二是从制度上保障做好事的好人的利益不受损害。一些做好事的好人本来已经损失不少了,我们绝不能让他们继续受损。如因做好事,把到手的房子分配权给了他人,我们政府有关部门就应当在适当地点、适当时机对他们的损失给予一定补偿,不能因为他们的乐善好施而让他们仍然身居陋室。有的因为自己把已经到手的升官、评定职称等机会让给了别人,而自己的工资却始终落后于他人。尽管这是他本人自愿的,但是,作为政府,我们不能让做好事的人吃亏,应该在适当时机给予他一定补偿。有人因为做好事而丢了性命,我们的政府官员在评定其资格的时候,就应当不要太苛刻,要灵活机动一些。不能让这些人及其家属流血又流泪。当然了,我们要警惕那些浑水摸鱼者,但是,我们又绝不能因噎废食。

三是从法律上保障做好事的好人不再流血、流泪。我们国家的法律是为打击坏人、保护好人而制定的。因此,当做好事的人被冤枉、遭受打击的时候,我们的司法工作者,就应当从正义的角度帮助这些好人,不应该让他们在法律面前受到不公正的待遇。

但说到底,时代对待雷锋、郭明义精神的态度,反映的恰恰是我们自己对待做人的态度,对应的正是做人美德在社会中的地位。对于那些视法律为儿戏的司法工作者,必须予以严厉处理,以净化我们的司法队伍。这样,才能够保障司法的公正、公平和正义。

四是弘扬雷锋、郭明义精神要着眼扩大认知认同。大力宣传雷锋、郭明义事迹和精神,宣传雷锋、郭明义式的道德模范和先进典型,宣传各地弘扬雷锋、郭明义精神的生动实践,使雷锋、郭明义精神走进千家万户、深入人们心灵。要广泛开展以"学雷锋、树新风"为主题的道德实践,开展扶老助残、帮困解难、便民利民等方面的志愿服务,把学雷锋、郭明义活动覆盖到企业、社区、农村、机关、学校、军营,推动形成践行雷锋、郭明义精神的热潮,推动形成"我为人人、人人为我"的良好氛围。要适应社会生活新变化,深入挖掘雷锋、郭明义精神的当

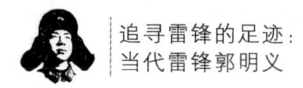
追寻雷锋的足迹：
当代雷锋郭明义

代价值，丰富学雷锋、郭明义活动的形式载体，建设弘扬雷锋、郭明义精神的网络平台，不断增强时代感和吸引力。学雷锋、做好事，人人可学、处处可为，要引导人们从自己做起、从身边做起、从日常小事做起，使学雷锋、郭明义活动多样化、具体化、生活化。要建立学雷锋、郭明义活动常态化的保障机制，把学雷锋、郭明义活动作为推动社会文明进步的一项重要任务，融入国民教育、精神文明建设和党的建设全过程，体现到经济社会建设各领域，纳入文明城市、文明村镇、文明单位测评体系，充分发挥政策、法规的导向作用，形成齐抓共管、合力推进的工作格局，推动学雷锋活动持续深入开展。

"人民对美好生活的向往，就是我们的奋斗目标。"习近平当选总书记后的首次公开讲话，鲜明宣示了他带领中国共产党执政为民的坚定决心。履新后，他在和其他中共中央政治局常委一起参观《复兴之路》展览时说："现在，大家都在讨论中国梦，我以为，实现中华民族伟大复兴，就是中华民族近代以来最伟大的梦想。"

在文化建设上，习近平主张，要重视人才培养，注重培养民族精神，特别是弘扬"用我们的血肉筑起我们新的长城"的国歌精神。要建筑一条坚不可摧的万里长城，就必须把精神文明建设摆在首要的地位。学习雷锋、郭明义，就可以把万里长城牢牢地建筑在亿万人民的心坎上。

"像爱自己的父母那样爱老百姓"，"千万要记住政府前面的'人民'两字"、"群众在干部的心里有多重，干部在群众心中就有多重"、"要始终与人民心心相印、与人民同甘共苦、与人民团结奋斗"……习近平在不同时期、不同场合，用朴素的语言表达着他对人民的挚爱。心里装着人民、时刻想着人民、讲话贴近人民、奋斗为了人民，需要我们在学习雷锋、郭明义的活动中加以落实。

"空谈误国，实干兴邦。"习近平在参观《复兴之路》展览时，表达了以实干托举中国梦的决心。接着，在他主持召开中共中央政治局会议，又议定了改进工作作风、密切联系群众的"约法八章"，并以身作则，率先垂范，获得海内外广泛好评。

一个没有精神信仰的人，实际上就是一个行尸走肉；一个没有精神信仰的民族，就是一个落后的、挨打的民族。我们要以高度的政治自觉，坚定的信念，立足本职，从我做起，深入持久地开展学习雷锋、郭明义活动，不断地完善自我，以实际行动为中华民族的伟大复兴和祖国的更加繁荣强盛，尽献自己的全部力量。

　　（作者系辽宁省公文写作学会副秘书长，中共辽宁省直属机关工委党校教授）

人才队伍建设与以德为先
——学习郭明义精神的深层次思考

姬养洲

党的十八大特别强调："社会主义核心价值体系是兴国之魂，决定着中国特色社会主义发展方向"。"坚持和发展中国特色社会主义，关键在于建设一支政治坚定、能力过硬、作风优良、奋发有为的执政骨干队伍"；"坚持德才兼备、以德为先"的选才用人标准；"加快确立人才优先发展战略布局，造就规模宏大、素质优良的人才队伍，推动我国由人才大国迈向人才强国"。作为一名长期从事人才工作及干部队伍建设理论研究和实践探索的老同志，在学习贯彻落实党的十八大精神的过程中深深体会到，把学习郭明义和学习党的十八大精神有机结合起来，用郭明义精神践行社会主义核心价值观和"德才兼备、以德为先用人标准"，对加强新时期我国人才队伍建设，具有十分重要的时代意义。

一、深刻认识学习郭明义精神对我国人才队伍建设的重大现实意义和深远影响

新的历史时期，世情、国情、党情的深刻变化，对人才队伍建设，尤其是党员干部的德才素质提出了新的更高要求。坚持德才兼备、以德为先的用人标准；践行社会主义核心价值取向，是我们党顺应时代发展新要求和人民群众新期盼，加强人才队伍建设，更好实施人才强国的重大战略举措。郭明义同志正是党在新时期人才发展时代标准和价值取向的实践者、传承者，也是新时期我国人才队伍建设的代表者、引领者。

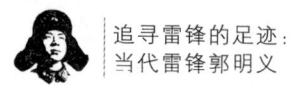
追寻雷锋的足迹：
当代雷锋郭明义

（一）郭明义精神集中体现了德才兼备、以德为先的人才发展导向，是我国加强人才队伍建设的宝贵财富

以什么样的标准用人，选什么样的人才，是否把德摆在人才选用的首要位置，是判断一个政党先进性的重要标志，决定着一个政党的兴衰成败。人才队伍建设，既注重才能，更注重品德，把政治上靠得住、工作上有本领、作风上过得硬、人民群众信得过的人才选拔上来，使各级领导权、行政权、管理权和建设权牢固掌握在忠于党、忠于国家、忠于人民的优秀人才手中，极为关键。在经济全球化、市场化步伐加速的新形势下，我们党既面临快速发展的重要机遇，又面临前所未有的严峻考验，需要应付世所罕见的困难和问题，必须建设一支具有坚定理想信念、高尚品德和真才实学，为中国特色社会主义伟大事业不懈奋斗的人才队伍。学习郭明义，用郭明义精神践行德才兼备、以德为先的用人选才标准和社会主义核心价值取向，对我国人才队伍建设，进而实现建设世界人才强国的目标，至关重要。

（二）郭明义精神深刻闪耀着德才兼备、以德为先的人才品行光辉，对加强我国人才队伍思想道德建设具有时代价值

从总体上看，我国的人才队伍的素质是比较好。但也应清楚地看到，当前我国的人才队伍正处在整体性新老交替的重要时期，不仅社会主义改造和建设初期参加工作的干部已全部退出领导和工作岗位，而且"十年动乱"时期参加工作的干部也已经或正在退出领导和工作岗位。改革开放以后成长起来的干部虽然学历层次较高、知识面较宽、思想较活跃，创新精神也较强，但大都缺乏严格系统的党内生活锻炼、艰难困苦的磨炼和重大政治风险的考验，加上在个人成长中忽视"内功"修炼，以致在执政考验、改革开放考验、市场经济考验、外部环境考验等面前，党性修养、作风养成和道德品行呈现出明显不足。许多干部出问题往往不是出在才上，而是出在德上：有的理想信念动摇，有的宗旨意识淡薄，有的贪图安逸享受，有的追求名利地位，有的甚至贪污受贿、腐化堕落，有的更是成为黑社会的保护伞或参与者。以上状况迫切需要深入学习郭明义，用郭明义精神践行德才兼备、以德为先的用人选才标

准,坚持社会主义核心价值取向,把"德"放在人才队伍建设的更加突出位置,全面提高人才队伍的道德素质和思想政治领导能力。

(三)郭明义精神全面反映了德才兼备、以德为先的人才工作本质,是提升我国人才选拔使用公信度的行动指南

提高用人选才公信度,是党的十八大对我国人才队伍建设提出的重大任务;也是《国家中长期人才发展规划纲要(2010—2020年)》强调的建设世界人才强国的重要举措。提高用人选才公信度,关键在于人才选拔使用工作的公正程度和选拔使用的人才是否得到社会各界及人民群众的广泛认可。这就要求我们必须坚持德才兼备、以德为先的用人选才标准和树立注重品行、崇尚实干、鼓励创新、群众认可的用人选才导向,以及社会主义核心价值取向,并把这一标准和导向、取向贯彻落实到人才队伍建设的各个方面。

当前,在人才队伍建设,尤其是干部选拔任用工作中,一些地方和系统部门仍然存在重才轻德、以才蔽德、以绩掩德、以才代德的现象,致使一些品行不端、作风不实、投机钻营、才高德低的人得到重用,甚至带"病"提拔,而考核提拔重用他们的人也未得到追究,人民群众反映强烈,严重影响了用人选才的公信度乃至人才队伍建设的科学性。学习郭明义,用郭明义精神践行德才兼备、以德为先用人标准,和社会主义核心价值取向,把人才的德作为一个标杆、一种导向、一种取向高高举起,坚持公道正派、竞争择优、任人唯贤的路线、方针、政策,把德才兼备,尤其是品德高尚的优秀人才选准用好,就能让选拔使用的人才组织放心、群众满意,有效提高用人选才的公信度,进而提升党的形象、增强党的威信,巩固党的执政基础。

二、系统把握学习郭明义精神指导新时期我国人才队伍建设的时代内涵和实践要求

郭明义精神诠释了当代共产党人的坚定信念和高尚情操,赋予了雷锋精神以新的时代内涵。中央组织部在授予郭明义同志"全国优秀共产党员"称号的文件中,号召全国各战线的共产党员都要向郭明义学

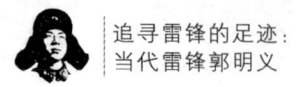

习,并明确提出了新形势下学习郭明义的努力方向和基本要求。德才兼备、以德为先,作为新时期党的干部路线和用人选才的根本标准,具有丰富的时代内涵和很强的针对性、指导性。我们必须把学习郭明义精神和贯彻落实德才兼备、以德为先的指导方针结合起来,使我国的人才队伍建设更加顺应时代发展、紧贴使命任务。

(一)学习郭明义牢记宗旨、坚定信念的政治品质,确保我国人才队伍建设的正确方向

郭明义同志具有坚定的政治立场,对党和人民无比忠诚,自觉把个人的一切都奉献给党和人民,爱党、爱国、爱人民是郭明义精神的核心和灵魂。各类人才,尤其是党员干部,是各级党、政、军工作的领导者、组织者、管理者,担负着党和国家长治久安、永不变色的历史使命。忠于党、忠于国家、忠于人民是党和人民对各类人才,尤其是党员干部的最高政治要求。所以,广大人才,尤其是党员干部必须像郭明义那样牢记党的宗旨,具有坚定的政治信仰和党员的政治品格,坚定不移地听党的话、跟党走。要把郭明义精神作为我国人才队伍建设的宝贵财富,坚持用中国特色社会主义理论体系武装党员干部,教育引导广大人才,尤其是党员干部进一步增强贯彻落实邓小平理论、"三个代表"重要思想、科学发展观的自觉性和高举中国特色社会主义旗帜,坚持中国特色社会主义道路、理论体系、制度的坚定性,努力培养造就一代又一代忠诚党的事业的坚定举旗人、合格接班人。

(二)学习郭明义恪尽职守、争创一流的敬业精神,提升我国人才队伍建设水平

郭明义同志对事业无比热爱,对工作极端负责,对业务精益求精,集中体现了一个共产党员的职业操守和敬业精神。中国特色社会主义伟大事业需要亿万各类人才的奋发进取、敬业奉献;更需要广大党员干部务实苦干、开拓创新。要把学习郭明义精神与提升人才队伍建设水平有机结合起来,坚持恪尽职守、崇尚实干,爱岗敬业、争创一流,鼓励创新、锐意进取的用人选才导向,教育引导各类人才,尤其是党员干部始终保持高昂向上的革命精神和强烈的事业心、责任感,以正在做的工作

和本职岗位为实践平台，认真履行职责、争创一流，进一步提升经济全球化、市场化条件下各类人才，尤其是党员干部的学习能力、执行能力、实践能力，推动我国人才队伍建设与时俱进的步伐。

（三）学习郭明义克己奉公、艰苦奋斗的高尚情操，奠定我国人才队伍建设的思想基础

郭明义同志舍己为人、克己奉公、艰苦奋斗、助人为乐的高尚情操，为我们广大人才，尤其是党员干部树立了极好的榜样。面对纷繁复杂的国内外环境、多彩的社会生活和多元价值观念的影响，面对人才队伍成分结构的深刻变化，更加需要弘扬郭明义的高尚品行、艰苦奋斗作风和助人为乐精神，教育引导广大人才，尤其党员干部进一步端正价值追求，净化思想道德境界。在我国的人才队伍建设中，必须深入开展社会公德、职业道德、家庭美德、个人品德教育，引导广大人才，尤其是党员干部像郭明义那样从我做起、从小事做起，持之以恒，永不间断；自觉践行社会主义核心价值观，永葆人才队伍的可靠性和先进性。

（四）学习郭明义服务社会、促进和谐的高度责任感，树立我国人才队伍建设的良好形象

郭明义同志积极献身公益事业，并带动了一大批人才参与公益事业及其活动，成为新时代"雷锋传人"。全心全意为人民服务是我们党的宗旨，也是郭明义精神的本质所在。我国的人才队伍建设是建立在为广大人民群众服务、为广大人民群众谋福利之上的。马克思主义学者们早就强调，干部是人民的"公仆"。时刻把人民的利益放在高于一切、重于一切的位置，是我们党的性质和宗旨决定的；坚持为社会服务、为人民群众服务，也是我国人才队伍建设的重要任务和鲜明特色。在我国的人才队伍建设中，必须大力弘扬郭明义服务社会、服务人民、促进和谐的高度责任精神，扎实做好社会管理、和谐稳定工作，为维护国家改革发展稳定的大局提供强有力的人才支持和组织保证。

三、把郭明义精神贯彻落实到我国人才队伍建设的各个方面

学习郭明义，用郭明义精神践行德才兼备、以德为先用人选才标准

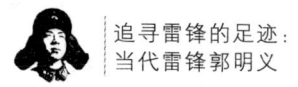
追寻雷锋的足迹：
当代雷锋郭明义

和社会主义核心价值取向，既要贯彻落实到考察人才、识别人才、选用人才过程中，更要体现在教育人才、培养人才、管理人才过程中，真正落实到人才队伍建设的各个方面，尤其要把人才"德"的养成放在更加突出优先的位置。

（一）正确把握德与才的辩证关系以重德

古人云"才者，德之资也；德者，才之帅也"。这句话是说，德是才的统帅，决定着才作用的方向；才是德的支撑，影响着德作用的范围。与才相比，德始终是第一位的。坚持德才兼备、以德为先的用人选才标准，就是在用人选才工作中，要以德为前提、以德为先决，把德作为决定因素。对相比之下才能相差不大的人才，谁在德方面表现的更突出，就提拔重用谁；对于在德上存在问题的人，本事再大也不能提拔重用；对已在领导岗位上的人，只要在德上出了问题，必须坚持调整下来；在德上出现严重问题的人，非但调整下来，还要依照党纪、政纪或法律予以追究。当然，强调以德为先，也绝不能忽视才。一个人才有德而才疏学浅，政治上虽然可靠，同样难以托付重任。所以，在人才队伍建设中，必须把德才兼备、以德为先的用人选才标准作为一个整体来认识，辩证去把握。总之，要在全社会营造更加重德的浓厚氛围，引导广大人才更加注重品德修养，继而按党的要求为官、按传统美德修身、按群众期盼干事。只有这样，才能真正把那些政治可靠、品德高尚，又有真才实学、能力突出的优秀人才选拔上来。

（二）坚持正确的用人选才导向以立德

实践充分证明，用准一个人才，就会对广大人才起到积极的引领、示范和激励作用，对党的形象产生良好影响，使社会的公信度大大增加；用错一个人才，就会挫伤广大人才的积极性和进取心，甚至败坏党的形象，严重影响用人选才的公信度。因此，在人才队伍建设中，必须从党的事业出发，树立坚定信念、注重品行、科学发展、崇尚实干、重视基层、鼓励创新、群众认可的用人选才导向。通过各种公道正派的方式和途径，让那些品德高尚、能力出色、成绩突出、作风正派、群众公认的优秀人才，受到尊重和重用；让那些品德低下、能力平庸、不干实事、作风浮躁、追名逐利的人，没有市场和位置。真正做到"让人才想干事、让人才能干事、让人才会干事、让人才干大事、让人才干成事、让人才不出事"；同时做到"不让创业人才失望、不让老实人才吃亏、不让长期在基层或艰苦地区工作的人才心寒、不让勇于改革创新的人才担忧、不让敢于发表不同意见的人才顾虑、不让远离领导视野的人才埋没"。

（三）突出把握重点以明德

德的内容是什么？如何把握好人才的德，对人才德的教育培养、考核管理、选拔任用，至关重要。当前和今后一个时期看人才德的重点内容应体现在以下几个方面：一是忠于党、忠于国家、忠于人民，时刻把党和人民的利益放在最高位置，永远听党的话，跟党走；坚持贯彻执行党的路线方针政策，始终与党中央保持一致；坚持党的理论、路线、方针、纲领、制度等不动摇。二是确立正确的世界观、权力观、事业观。世界观决定人生观、价值观；权力观决定地位观、利益观；事业观决定工作观、政绩观。人才只有把自身价值和人生追求融入为党和人民事业的不懈奋斗之中，才能在纷繁复杂的环境中始终保持清醒头脑，为党和人民掌好权、执好政、办好事。三是不怕艰险、敢于负责、锐意进取。不怕艰险就是在急重险难任务面前挺身而出，攻坚克难、勇挑重担；敢于负责就是坚持原则、敢管善管、正视失误、勇担责任；锐意进取就是奋发进取、开拓创新、不怕挫折、与时俱进。四是淡泊名利、作风正派、无私奉献。正确对待个人升迁、名利和地位；处事公正、一碗水端平；大公无私，克己奉公。五是清正廉洁、情趣健康、严于律己。要经得起权力、金钱、美女的诱惑；经得起多元生活色彩的考验；经得起家庭、亲朋、好友情谊的渗透等等，真正做到堂堂正正做官、清清白白做人、干干净净做事，这样的人才在德的方面才是过硬的。

（四）科学把握考察的途径与方法以识德

识才难、用才难，往往难在识德上。如何考察人才的德一直是组织人事工作中的一大难题。总结过去的经验，结合党和国家的有关规定，考察人才的德应通过以下途径、采取以下方法：一是从履行岗位职责中

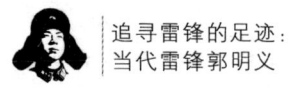
追寻雷锋的足迹：
当代雷锋郭明义

考察。要通过看人才在履行岗位职责中的工作动机、工作态度、工作作风、工作成效以及工作中表现出来的团队精神等方面，全面了解人才的德。二是从完成急难险重任务中考察。主要看人才的胆识、意志、毅力和对人民群众的情感，特别是在重大灾害和突发事件面前能否临危不惧、冲在一线、沉着应对，按照党的政策和国家的法律做好工作。三是从关键时刻表现中考察。主要看人才在大是大非面前是否立场坚定、态度鲜明；是否坚持原则、敢于斗争；是否牺牲个人、顾全大局等。四是从对待个人名利态度中考察。主要看人才是否能够正确对待名利地位，正确对待个人得失。五是从八小时之外的生活圈中考察。主要看人才是否能够自觉把握自己、约束自己，不为"灯红酒绿"所动；是否交友慎重，能否拒绝"糖衣炮弹"。六是从"小节"中考察。主要从人才的爱好、情趣、人格、闲谈以及平时生活细节中发现苗头，通过"小节"考察"大德"。当然，考察品德，最主要的是发动群众、扩大范围，让知情者都能参与。同时，既要了解"现实的口碑"，又要了解"过去的口碑"；既要听领导讲的，更要听群众反映；既要公开进行，又要秘密展开。这样考察的结果才全面、真实。

（五）加大教育培养力度以育德

当前和今后一个时期，要以践行科学发展观和创先争优活动为契机。一是加强理念信念教育，增强为实现党的伟大事业目标奋斗的坚定性；二是加强思想道德教育，增强践行社会主义价值观的自觉性；三是加强党的宗旨教育，增强立党为公、执政为民的创新性；四是加强艰苦实干教育、增强艰苦环境、危难时刻磨炼意志、砥砺品质的积极性；五是加强警钟警示教育，增强反腐倡廉的主动性。要把德的教育培养放在人才队伍建设的首位，教育广大人才常修为政之德、常思贪欲之害、常怀律己之心，努力做到立身不忘做人之本、为政不移公仆之心、用权不谋一己之私，始终保持中国共产党的高尚品德。

（六）严格管理监督以律德

人才良好品德的养成，既要靠教育培养、又要靠实际锻炼；既要靠严格自律，也要靠管理监督。要加强对广大人才，尤其是党员干部的管理监督，不断完善管理监督制度；要把党内监督、群众监督、社会舆论监督结合起来，形成强大监督合力。通过管理监督，一方面，使一些比较珍惜个人政治生命的人才，能够自觉地以党性原则、党的纪律和道德规范严格要求自己，珍重自己的人格、声誉、形象，不去做"出格"的事；另一方面，对一些要求不高的人才，组织上要加强管理、严格监督。对出现的苗头问题，要及时提醒、告诫、警示；再一方面，对少数明知故犯、触及"底线"的人，要严格按照党纪政纪国法严惩不贷，绝不能姑息迁就。同时，对提拔重用"带病"人的人，要追究其"失察"、"渎职"和连带责任。

总之，学习郭明义，用郭明义精神践行德才兼备、以德为先用人选才标准和导向，对加强我国的人才队伍建设，加快建设世界人才强国目标的实现，启迪深刻、意义重大。

（作者系辽宁省公文写作学会副会长，辽宁省人才研究会副理事长、研究员，国务院特殊津贴专家）

郭明义的人生价值观及其启示

刘宁宁

人生价值是一个古老而常新的话题。怎样的人生才有意义？这是人生价值观的基本问题，也是人生哲学的基本问题。不同的时代有不同的诠释，不同社会形态下人的价值追求是不同的。当代共产党员的楷模、雷锋式人物郭明义引发我们对人生价值的思考。

一、郭明义的人生观、价值观

郭明义是一名优秀共产党员，是学雷锋助人为乐的先进人物，具有极其强烈的党性意识；郭明义是锐意进取的带头人，具有强烈的执政意识；郭明义是艰苦奋斗的实干家，具有强烈的党员意识。郭明义的人生价值观概括为以下三个方面：

（一）郭明义的人生价值目标是"追求快乐和幸福"

"服务人民、助人为乐的奉献精神"是"当代雷锋精神"的核心和本质，它凝聚了马克思主义世界观、历史观和人生观的精神实质和价值取向。郭明义三十年如一日坚持学雷锋，做好事，默默奉献，使奉献精神具有鲜明的时代特征。郭明义的幸福观是他人幸福，我就幸福。他把助人为乐使他人幸福作为自己的追求，从中寻求幸福感和快乐感。他认为，用自己的行动帮助那些需要帮助的人，是非常幸福的事情，也是他追求的最大的幸福。

郭明义把奉献作为一种生活方式。郭明义的座右铭是"人生的价值在于奉献"。他把服务人民、助人为乐看做是人生最大的幸福，甘于奉献，不求索取，使奉献成为一种习惯，也成了他的使命，从而成为他的生活方式。"捐血"——他坚持20多年无偿献血,累计献血6万毫升,相当于自身总血量的10倍。"捐钱"——他为希望工程、身边工友和灾区群众捐款12万元,先后资助了180多名特困生。"捐自己"——他是鞍山市第一批遗体和眼角膜自愿捐献者。奉献使人幸福,助人使人快乐,把奉献作为一种生活方式,这是郭明义奉献精神和人生价值鲜明的时代特征。郭明义的奉献精神告诉我们,奉献的价值超越一切物质利益。在改革开放30多年后的今天,中国人富裕了,但是随之而来的物欲横流的生活也带走了很多人与人之间的人文关怀。郭明义作为当今时代无私奉献的典型,给转型期的中国注入了道德力量,他以其亲和力、感染力和榜样的力量,唤起人们爱的力量。

郭明义不仅自己奉献,还带动团队奉献。郭明义爱心团队已经遍布全国,曾经一个人的跋涉,现在成为一群人的爱心之旅。这是郭明义赋予"奉献精神"的又一时代特色。这种团队奉献精神不仅充分体现了共产党人的高尚情操,同时在精神领域也营造了一个温馨和谐、乐于奉献的社会环境,从而在奉献的同时收获幸福。正如他自己说的:"我选择为社会、为企业、为他人多做一些力所能及的事,从而使自己被党组织所信任、被群众所信赖、被社会所需要,每天生活在有理想、有信念、有追求,讲诚信、讲奉献、讲团队的氛围中,大家一起去做一些高尚的事,我感到很充实、很快乐、很幸福"。

(二)郭明义的人生价值实现手段是"创造与奉献"

郭明义在每一个工作岗位上,他都踏踏实实,勤勤恳恳,创造佳绩。无论是在部队做汽车教导员,还是在齐大山铁矿做大型生产汽车驾驶员、党团支部书记、理论干事、采场公路管理员,他都把工作做到极致。

郭明义对事业高度负责。郭明义作为一名老党员,始终牢记党的宗旨,对党无限热爱、无限忠诚,具有崇高的思想境界和公而忘私的优秀品格,表现出强烈的党性意识。他一贯超常付出,善于合作,始终以高度的主人翁责任感,追求崇高的职业理想,认真踏实,恪尽职守,精益求精,始终保持工作热情和务实苦干精神,把对创造和付出看做无上光荣，体现了高层次的、发自内心的把职业当做事业来对待的敬业精神。

郭明义忠于职守，捍卫党的纯洁性。郭明义严于律己，正确看待和处理个人利益，淡泊名利，清正廉洁。他竭力维护国有资产的安全，在关键时刻挺身而出，忠于职守，表现出共产党员的英勇气概。他捍卫党的纯洁性。采矿场有很多利益，郭明义手中掌握一定的权利，为个人应得利益是轻而易举的事儿。但他坚持秉公办事，从不徇私情，从不收受任何钱财。作为一名共产党员，他不图任何个人名利，他时刻牢记党的宗旨，忠于党，忠于国家，忠于人民，通过一个普通党员的努力，让群众真切感受到，党员就是要全心全意为人民服务，是党的纯洁性和先进性的代表。

郭明义肯于钻研，锐意进取。郭明义在日常工作中，刻苦钻研，善于将理论与实践相结合。为了提高道路维护质量，使公路管理上等级、上水平，他通过不间断的现场观测、记录和借鉴国内外的相关理论、技术和工艺，主持研究制定了《公路、支线、铲窝维护技术标准与考核标准》、《采场星级公路达标标准与工作流程》等一系列技术标准和工作制度，填补了矿业公司采场公路建设上的多项技术空白。多年来，因采场道路维护质量上升，仅节省的汽车轮胎、备件就创效3000多万元。改革创新是时代精神的核心，郭明义的创新精神表现为大胆探索、勇于创造的思想观念，不甘落后、奋勇争先、追求进步的责任感和使命感。

郭明义坚韧不拔，追求卓越。郭明义作为一名国有企业管理人员，恪尽职守，心系企业，敬业奉献，创新发展。郭明义还利用现代信息传媒手段，发挥自己的榜样作用，开通了微博，在这个更广阔的平台上，让自己融入日新月异的现代社会，让爱心去感染、带动更多爱心，把自己的幸福快乐传递给更多的人，发挥微博的社会力量，创造性地开辟了助人为乐的新渠道。他用自己质朴的言行诠释着新时代雷锋精神的深刻内涵。

郭明义对奉献的理解是："奉献是爱岗敬业；奉献就是保卫国家和人民利益时的挺身而出；奉献就是不图名不图利，不弃不离；奉献就是忠于职守。"因此，他能够长期兢兢业业地工作，不计回报地奉献，创

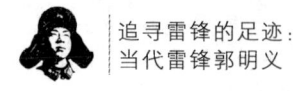

造了突出的业绩,为我们树立了光辉的榜样。

(三)郭明义的人生价值取向是"为国分忧,为民谋利,做一个有益于人民的人"

郭明义在日常生活中,处处体现一名共产党员的榜样作用,在平凡的小事中,服务人民,为党分忧,为民谋利,为了自己的理想信念而不断进取。

郭明义艰苦奋斗、勤俭节约,这既是中华民族的传统美德,也是我们党的优良传统和作风,是中国先进文化的一个有机组成部分。郭明义是艰苦奋斗、勤俭节约风尚的传播者、示范者、实践者。

郭明义艰苦奋斗、勤俭节约,是一种物质上的厉行节约行动。郭明义具有积极向上的精神境界,在砥砺意志、陶冶情操、生命不息、奋斗不止的强大精神力量指引下,一贯朴素节约做奉献。在家乡他是出了名的"傻子",把朴素节约作为一种美德,省吃俭用,从不乱花一分钱。他养成了勤俭节约的习惯,对于简单的生活感到很满足。但是在帮助他人、服务社会方面,他却毫不吝啬,这种高尚的情操为当下现代人树立了光辉的榜样。历览前贤国与家,成由勤俭败由奢。一个没有勤俭节约、艰苦奋斗的创业精神支撑的国家难以自立自强,难以发展进步,难以兴旺发达。我们国家是靠艰苦奋斗、勤俭节约的创业精神起家的,也是靠它发展壮大起来的,是中华民族的宝贵精神财富。建设中国特色社会主义,需要继续发扬这种创业精神。通过大力弘扬艰苦奋斗精神,反对铺张浪费,增强忧患意识,提高节约意识,以化解危机和矛盾。

郭明义把艰苦奋斗、勤俭节约作为一种价值观,体现了一种生活态度、生活方式和个人的优良品质。郭明义艰苦奋斗讲实干。在每一个工作岗位上,他都无怨无悔地战斗在第一线,不怕困难,不怕牺牲。他把这种精神作为一种价值观念,化作自己的行动指南和行为准则。随着经济全球化的不断发展,各种社会思潮相互激荡,对人们产生极大的冲击。在这种情况下,必须大力发扬郭明义艰苦奋斗、勤俭节约的创业精神,在全社会形成崇尚节约、吃苦耐劳、顽强拼搏的精神风貌,特别是党员领导干部率先垂范,克己奉公,勤俭节约,克服铺张浪费、贪图安逸的奢侈之风，自觉养成良好的生活作风，增强社会责任感和进取心，把艰苦奋斗作为保持和人民群众的血肉联系的纽带，像郭明义那样，保持共产党人的蓬勃朝气、昂扬锐气、浩然正气，做引领社会风气的模范。

综上所述，对于郭明义的人生价值，奉献、助人为乐、乐善好施是郭明义人生价值的魂，是动力源；坚忍不拔、持之以恒是郭明义人生价值的髓；学无止境、钻研业务是郭明义人生价值的骨。

二、郭明义人生价值观的评价

郭明义是优秀共产党员，是"雷锋传人"。雷锋精神是什么？全心全意为人民服务，为了人民的事业无私奉献，把有限的生命投入到无限的为人民服务中去。在新的历史条件下，郭明义传承和光大了雷锋精神。其人生价值观代表了当代中国社会主义核心价值取向。

（一）郭明义的人生价值反映了国家的主导价值观念

郭明义的人生价值观以共产主义和全心全意为人民服务的价值观为核心，是社会主义主导价值观的核心内容和最高原则。为人民服务凝聚了马克思主义世界观、历史观和人生观的精神实质和价值取向，具有重要的政治价值。政治信仰是一个国家发展强大的动力源泉，是凝聚民族精神的纽带，是决定一个国家成败与否的关键。郭明义把弘扬雷锋精神作为人生追求，把奉献社会作为生命价值的体现，把践行党的根本宗旨作为神圣职责，在平凡的岗位上作出不平凡的业绩，集中体现了我党全心全意为人民服务的根本宗旨，深刻诠释了改革开放和市场经济条件下共产党人的优秀品质，无私奉献的精神风貌。郭明义的为国分忧，为民谋利，全心全意为人民服务，只要对人民有利的事，他都心甘情愿地去做。这种做一个有益于人民的人的人生价值取向，为人民的利益而甘愿付出，不求回报，集中体现了中华民族的传统美德和共产主义道德品质，充分体现了国家的主导价值观念，体现了知荣辱、讲正气、做奉献、促和谐的良好风尚。郭明义的人生价值观体现了坚定理想信念、昂扬精神斗志，反映了社会主义核心价值体系的根本要求，是引领全社会

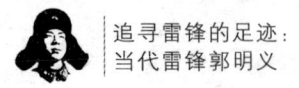
追寻雷锋的足迹：
当代雷锋郭明义

思想道德追求的精神灯塔。

（二）郭明义的人生价值体现了奉献价值

奉献价值即人的客体价值，指人为社会的生存和发展创造必要的物质价值和精神价值，提供的服务的价值等，即人对社会、对他人贡献的价值。这种奉献的价值在于为促进社会、他人和自身生存发展提供必要的物质和精神条件，同时也使自己在知识、能力、意志和道德上得到锻炼和提高，使个人得到进一步发展，不仅知识能力得到发展，而且使个人趋于高尚。所以奉献价值不仅仅是付出，不仅仅是奉献社会，也是全面发展自己。奉献是社会价值和自我价值的统一，其中主要的是社会价值。奉献可以是物质上的，也可以是精神上的，个人为社会创造的价值越多，其奉献价值就越大。

郭明义在对社会的默默奉献中诠释了奉献与索取的关系。郭明义的奉献价值既表现在物质上，也表现在精神上。在物质上，它踏实工作，义务献工，爱岗敬业，他不图名不图利，不弃不离，他忠于职守，他默默地资助贫困的孩子和家庭，甘于奉献，不求索取，充分体现了共产党员的高尚情操。同时在精神领域，他营造了一个温馨和谐的社会环境，不仅使他人幸福快乐，而且他自己也生活在这样的氛围中，幸福感自然感油然而生。

郭明义的人生价值观反映了中华民族核心价值的文化符号，彰显了文化价值。助人为乐，服务他人的奉献精神，在创造中奉献物质财富，在奉献中创造精神财富，显示了共产党人的高尚的道德情操和社会主义道德品质，显示了当今社会的主流价值取向。它是中华民族的核心价值的文化符号，唱响主旋律，树立见贤思齐、择善而从的良好风尚，消除当今社会普遍存在的信仰缺失、功利主义的状况，由贪图物质转向精神充实，由自我中心转向爱他人、爱社会，使"当代雷锋精神"所代表的先进文化成为人生航向，使中国文化软实力得以充分彰显。

（三）郭明义的人生价值体现了人格价值

人格就是人们的基本的坚定的立场、理想、信念、尊严及坚贞的品德，主要指进步的立场、远大的理想信念与高尚的品德。人格的核心是对社会、对祖国、对人民的责任意识和责任感。人格的重要表现，就是具有坚定的立场、理想、信念，具有良好的道德品质，大公无私、先人后己、无私奉献、刚正不阿。人格是主体本质力量的重要方法，是人的精神支柱。它使人拥有崇高的理想、坚定的信念、坚强的意志，能帮助人们克服人生道路上遇到的难以克服的艰难困苦。人格的价值就是坚贞的道德品质的价值，就是德的价值。德决定主体的价值取向，具有重要的价值导向作用，所以具有重要价值。郭明义是毫无争议的优秀共产党员，在他身上体现了真理力量和人格力量的完美结合，郭明义远远超过一般意义上的好人，远远超过了一般的学雷锋助人为乐的典型和道德模范，他是奉行社会主义核心价值体系和共产主义道德的道德模范。郭明义把助人为乐当做一种习惯，他说自己是简单地做了再简单不过的事情。这种人格魅力使得他更具有榜样的价值。

郭明义的人生价值观体现了共产党员的优秀品格，彰显其社会价值。乐于助人，团结友爱，爱岗敬业，无私奉献，艰苦朴素、勤俭节约，增强社会责任感，这是"当代雷锋精神"所折射出的极为可贵的优秀品质，是崇高的人生追求，也是一个人社会价值的集中体现，是高尚人格魅力的体现。弘扬郭明义的人生价值观，鼓励人们关心集体、团结友爱、互帮互助，不断提升自身的思想境界，增强集体荣誉感和社会责任感，努力成为社会主义道德规范的模范践行者，这是"当代雷锋精神"的社会价值所在。

（四）郭明义的人生价值实现了动机与效果的统一

动机和效果是人们社会实践过程中不可分割的两个方面。一方面，动机是主观的，效果客观的，一个人只有为国家和社会作贡献的美好愿望，而没有实际的行动，无论他怎样强调其动机的善，社会都不会认为他的人生是有价值的。毛泽东同志在评价人生价值方面，强调要坚持动机和效果的统一，他说："社会实践及其效果是检验主观愿望或动机的标准"，"一个人做事只凭动机，不问效果，等于一个医生只顾开药方，病人吃死了多少他是不管的。又如一个党，只顾发宣言，实行不实行是不管的。试问这种立场也是正确的吗？这样的心，也是好的吗？事前顾

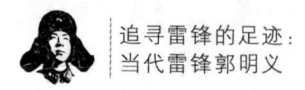
追寻雷锋的足迹：
当代雷锋郭明义

及事后的效果，当然可能发生错误，但是已经有了事实证明效果坏，还是照老样子做，这样的心也是好的吗？我们判断一个党、一个医生，要看实践，要看效果；判断一个作家，也是如此。真正的好心，必须顾及效果，总结经验，研究方法，在创作上就叫做表现的手法。真正的好心，必须对于自己工作的缺点错误有完全诚意的自我批评，决心改正这些缺点错误。"① 另一方面，如果没有正确的目标的和善良的动机，即使一个人客观上做出了有利于他人和社会的事情，也不能说是人生价值的实现。郭明义的人生价值目标是追求幸福，行为的动机是实现自己的幸福和他人的幸福。而他的所作所为恰恰达到了他的预期目标，实现了个人幸福和他人幸福，利己又利他，实现了动机与效果的完美契合。

三、郭明义人生价值观的启示

郭明义人生价值观是一种道德力量，一种精神文化现象。它已成为当下中国人的精神坐标，展现了时代的精神风貌，是时代精神和中华民族传统美德的完美契合，是创造与奉献、理想信念与脚踏实地的有机结合。它反映了社会主义主流意识形态，反映了中华民族核心价值的文化符号，反映了共产党员的优秀品格。我们要像郭明义那样，把有限的生命投入到无限的为人民服务中去，在中华大地上树立起引领全社会思想道德追求的精神灯塔。作为一个普通人，郭明义传承了雷锋精神，他有爱心，有信仰，有责任感，有奉献精神，有崇高的道德情操。在当下道德滑坡、价值危机的时代，我们迫切需要将这种精神根植于人们的内心深处，成为人们前进的动力，成为社会发展的动力。

（一）要处理好个人价值和社会价值的关系

人生价值是人生社会价值和人生自我价值的统一。人是社会的人，人生具有社会历史性和客观实践性，人的社会价值就表现为个人行为同他人、社会群体需要之间的一种肯定关系，标志着作为客体的人对作为主体的他人或人类社会的有用性，贡献和意义。而人生的自我价值表现

---

① 《毛泽东选集》第3卷，人民出版社1991年版，第868、873—874页。

为人还具有对自己的有用性,即满足自己的需要。因此,人生价值具有二重性。一方面,人生价值必然具有社会性;另一方面,人生价值又都具有自我性。社会实践反复证明,世界上任何一个有价值的人,其人生在对社会、对他人具有价值意义的同时,都毫无例外地对自我也具有价值。我们所讲的人生社会价值,指的是个人的人生能够满足社会需要而对社会具有的有用性。我们所说的人生自我价值,是在一定社会条件下个人自我认识、自我改造、自我发展的社会实践活动中,实际存在和实现的自己满足自己需要的肯定关系。在这里,人生的社会价值和人生的自我价值是统一的,不是完全对立的。但我们平时讲的人生价值,一般强调的是人的社会价值。

郭明义的人生价值观给我们的启示是,个人的价值取向与国家主导价值观念相一致,在追逐价值目标过程中,沿着自己设定的目标奋力前行,幸福快乐地生活。其成就感胜于金钱和财富带来的价值。幸福快乐源自助人和奉献,助人乃快乐之本。因此,在当代价值多元、各种社会思潮激荡的社会,我们要更新生存理念,把握好实现个人价值与社会价值的关系,实现三个转变:一是由贪图物质转向精神充实。转变生存理念要求人们精神的不断充实完善。它引导人们追求自我实现、人格完善、心灵安宁,过上积极向上、奋发有力的充实生活。二是由自我中心转向爱他人、爱社会。每个人不仅要自爱,而且要把爱逐步扩展开来,爱社会、爱众生,把每个人的"小我"升华为"大我",将有限的"小我"融入无限的"大我",使之在其中得到延续和扩展。三是由注重眼前转向放眼长远。我们无论对自己还是对他人或环境,都要负责,不能只是看到现实的、眼前的情况,还要考虑到潜在的、长远的结果。总之,更新人们的生存理念不是为了回到传统,而是为了面向世界,面向未来,体现时代精神要求,顺应社会发展趋势。

(二)要树立坚定的信仰,彰显中华民族的道德追求

信仰是任何时代、任何人都无法回避的命题,更是当今中国避免精神迷失、获取精神动力的重大命题。对马克思主义的信仰,对社会主义和共产主义的信念,是共产党人的政治灵魂,是共产党人经受住任何考

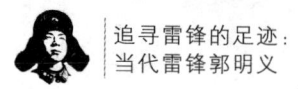
追寻雷锋的足迹：
当代雷锋郭明义

验的精神支柱。要像郭明义那样，树立坚定的信仰，显示当今社会的主流价值取向，就要抓好思想理论建设这个根本，矢志不渝为中国特色社会主义共同理想而奋斗。时代造就英雄，榜样引领时代。要唱响主旋律，树立见贤思齐、择善而从的良好风尚，消除当今社会普遍存在的信仰缺失、功利主义的状况，要由贪图物质转向精神充实，由自我中心转向爱他人、爱社会，牢牢把握正确的人生航向，增强服务国家服务人民的能力，争做"社会主义道德的示范者、诚信风尚的引领者、公平正义的维护者"①，努力成为中国特色社会主义共同理想的坚定信仰者，营造文明和谐的社会环境。

（三）要大力弘扬大爱精神、奉献精神，增强社会责任感。

"要大力弘扬民族精神和时代精神，丰富精神世界，增强精神力量。倡导富强、民主、文明、和谐，倡导自由、平等、公正、法治，倡导爱国、敬业、诚信、友善，积极培育和践行社会主义核心价值观"。②要向郭明义那样，学习雷锋，乐于助人，团结友爱，爱岗敬业，无私奉献，增强社会责任感。这是雷锋精神所折射出的极为可贵的优秀品质，是崇高的人生追求，也是一个人社会价值的集中体现。党在十八大报告中要求要把学雷锋活动、学习宣传道德模范常态化。在现实生活中，要大力发扬雷锋和郭明义那种关心集体、团结友爱、互帮互助的精神，不断提升自身的思想境界，增强集体荣誉感和社会责任感，努力成为社会主义道德规范的模范践行者。

（四）要保持艰苦朴素、勤俭节约的美德，建设节约型社会

艰苦朴素、勤俭节约是中华民族的光荣传统和优良美德，也是一个人生活态度的具体体现。特别是在工业化进程中，资源的稀缺性要求我们必须珍惜资源，提高科学技术水平，科学有效地利用资源。我们还处于社会主义初级阶段，生产力水平还不够发达，我们必须转变发展方式

---

① 胡锦涛：《坚定不移沿着中国特色社会主义道路前进　为全面建成小康社会而奋斗》（十八大报告辅导读本），人民出版社2012年版，第51页。
② 同上，人民出版社2012年版，第32页。

和生活方式,大力提倡勤俭节约,树立"节约光荣、浪费可耻"的生产生活观念。"历览前贤国与家,成由勤俭败由奢",不论是国家,还以个人,朴素节俭都是兴旺发达、事业成功的法宝。如果没有艰苦朴素、勤俭节约的精神支持,那么,就会出现生产、生活中的铺张浪费,就会严重阻碍我们的事业。因此,要贯彻落实科学发展观,反对奢侈浪费,提高道德修养,争做勤俭节约风尚的传播者、示范者,努力建设节约型社会和节约型国家。

(作者系辽宁大学马克思主义学院副院长,教授)

论"当代雷锋"
——郭明义精神

田鹏颖

"雷锋",一个让中国人民乃至世界人民耳熟能详的普通战士的名字;"雷锋精神",一种令几代中国人为之倾倒、追求、向往的道德境界——穿过半个世纪中国社会生活的巨大变迁,历经中华民族波澜壮阔的岁月转换,不仅生命力日益旺盛,感召力与日俱增,凝聚力无与伦比,而且以"当代雷锋"——郭明义精神的崭新姿态,回应了雷锋精神"归去来兮"的时代呼喊!

也许在外人看来,中国这片神奇的土地在21世纪生长出"当代雷锋"——郭明义精神这朵美丽的道德奇葩,是"雷锋"这个几代中国人共同记忆的当代克隆和历史张力,是现代传媒为当代雷锋郭明义精神增加的几分神秘,然而,我们却有充分的理由向世界宣示:"当代雷锋"——郭明义精神与50年前的雷锋精神基因相连,相映成趣,共同构成中华民族的道德精神本体和思想文化动脉。

一、郭明义精神——中国特色社会主义的精神雕塑

谁都无法否认,2003年"二十世纪中国十大文化偶像"评选,雷锋位列第八;2010年"新中国100位感动中国人物"评选,雷锋高票当选;2010年"感动中国"人物评,郭明义位列第四;2011年全国道德模范评选,郭明义"金榜题名";2012年中央文明委授予的"当代雷锋"称号,让郭明义成为全国唯一……

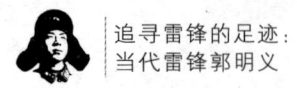
追寻雷锋的足迹：
当代雷锋郭明义

(一) 郭明义在最伟大的时代塑造了最伟大的精神

炎黄子孙，中华儿女，认识世界，创造文明，源远流长，浩浩荡荡。我们历经苦难，也有过辉煌，但站在世界历史的制高点，我们审视、沉思和鉴别，从20世纪70年代末开始，中国人民以一往无前的进取精神和创新实践，开启了改革开放的历史新篇章，谱写了中华民族自强不息、顽强奋进新的壮丽史诗。在亚细亚太阳升起的地方，我们唱着"春天的故事"，吹响了向工业化和现代化进军的号角，这是怎样的一幅历史画卷，何等威武和令人震撼！改革开放、快速发展、与时俱进，分别成了当代最鲜明的特点、最显著的成就最突出的标志，建设中国特色社会主义成了我们的共同理想，以爱国主义为核心的民族精神和以改革开放为核心的时代精神成了我们共同的精神家园，社会主义荣辱观成了我们共同的道德操守，当代雷锋郭明义精神成了万人景仰的精神时尚，郭明义刚刚开通不满两年的微博，其追捧者竟超过数千万，以至于已经成了人们守望高尚的精神追求、可贵的道德操守和共产党员本色的一个窗口和交流真善美的一个"驿站"。

(二) 郭明义在最普通的常识里升华了最不普通的思想境界

常识是人们最普通、最平常、最持久的把握世界的基本方式，现实生活中的每一个人都在体验常识、分享常识、重复常识和再造常识。当代雷锋郭明义把共产党员视野中的现实生活常识——"全心全意为人民服务"的宗旨，升华到了最不普通的道德高点。"30年来，我经历了很多，但我的信念一直很明确，这就是一个共产党员，要为党、为国家、为人民的事业奉献自己的一切，这是天经地义的，不需要任何理由！我不图任何个人的名利，图的是为党增光、为国分忧、为民谋利。一个人，被党组织所信任，被群众所信赖，被社会所需要，把有限的生命投入到无限的为人民服务之中去，就是最大的快乐。助人使人快乐，奉献使人幸福。"郭明义这些既朴实真挚，又生动深刻的话语与50年前雷锋的那一篇篇富含哲理的日记何其相似！斗转星移，时过境迁。当代中国比以往任何时候都更加需要艰苦创业，自强不息、奋力拼搏的奉献精神，更加需要忠于职守，顾全大局，克己奉公的主人翁姿态，更加需要助人为乐,诚实守信,和谐融洽的社会风尚!所有这些,恰恰构成当代雷锋郭明义精神的文化底蕴。

(三)郭明义在最渴求感情的世界奉献了最真挚的人文情怀

马克思说:"废除作为人民的虚幻幸福的宗教,就是要求人民的现实的幸福,要求抛弃关于人民处境的幻觉,就是要求抛弃那需要幻觉的处境。"① 这一至理名言在"资本和劳动的关系是我们全部现代社会体系所围绕旋转的轴心"② 的时代,更显深刻而精辟!当代中国正处在并将长期处在社会主义初级阶段,经济社会发展的阶段性特征日益凸显,既需要锦上添花,更需要雪中送炭。那些贫困地区和那些弱势群体最需要关爱和关怀,最需要把"以人为本"核心价值理念落到实处!当代雷锋郭明义精神颠覆了西方人所构建所谓市场经济社会里"他人即地狱"的伦理道德,用自己对党的忠诚、对人民的热爱,建设了一支覆盖神州的"爱心团队",构筑了"把幸福给你"的道德文化长城。

(四)郭明义是在最需要的历史时刻涌现的最适合需要的时代人物

每个时代都有自己的道德困惑。工业革命的滚滚车轮无情地碾碎了欧洲传统的信仰和价值,让狄更斯感叹"这是最好的时代,这是最坏的时代";20世纪初,美国经济进入"镀金时代",也面临整个社会的道德崩溃和精神危机。中国正身处一个大转型、大改革的时代。一边是对雷锋的疏离、怀疑甚至解构,另一边却是对雷锋的认同、呼唤乃至企盼。这种悖论与冲突凸显着时代的道德困惑:在汹涌的市场经济浪潮中,社会如何找到一种核心的价值?在日益多元化的社会思潮里,个人如何构造一种心灵的支撑?在物欲横流的诱惑下,时代如何唤回一种真善美的德行?辽宁鞍钢齐大山铁矿普通工人——郭明义闪亮登场!他给当下"道德困境"这个难解的方程一个合乎历史逻辑的解答:"雷锋有同志,同志有雷锋"。

---

① 《马克思恩格斯文集》第1卷,人民出版社2009年版,第4页。
② 《马克思恩格斯文集》第2卷,人民出版社2009年版,第79页,

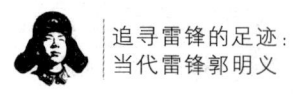
追寻雷锋的足迹：
当代雷锋郭明义

二、郭明义精神——西方"经济人"假说的时代超越

马克思说过："人的本质不是单个人所固有的抽象物，在其现实性上，它是一切社会关系和总和。"① 人生在世，如何处理人与社会、人与人之间的关系？人生短暂，如何创造无限的价值？个人的存在，如何在时代发展进步的历史轨迹中得以展现？这是当代雷锋郭明义精神所折射的永恒命题，也是"当今世界正发生广泛而深刻的变化，当代中国正发生广泛而深刻的变革"的时代背景下，我们必须面对的"人生哲学"。

（一）当代雷锋郭明义精神不是郭明义一个人的精神，而是以工人阶级为代表的公民精神

这是当代雷锋郭明义精神之所以可以学习、可以效仿、可以发扬光大的学理基础。热爱社会主义的坚定信念；服务人民、助人为乐、把幸福给你的家国情怀，艰苦奋斗、争创一流的敬业精神，正是雷锋精神在半个世纪的传承与发展中所凝聚的时代共识。在现代文明社会，一个公民需要以一定的精神信仰和理想寄托来彰显生命的意义，需要以一种勤俭节约、埋头苦干的生活和工作作风去展示做人的美德，需要以一种"知荣辱、献爱心、促和谐"的道德境界去表达时代的渴望。从这个意义上说，当代雷锋郭明义精神为全社会提供了鲜活的道德样本。在一定意义上我们可以说，一个曲解郭明义精神人，一个远离郭明义精神的人，一个在自己身上连郭明义精神的影子都找不到的人，在现代文明社会寸步难行。

（二）当代雷锋郭明义精神不是当下的精神，而是一种最值得崇敬、最值得提倡、最值得效仿的时代精神

与雷锋时代相比，当代雷锋郭明义所处的具体时代环境无疑发生了深刻变化，如何坚决遏制拜金主义、享乐主义、极端个人主义的侵蚀，如何重新定位人与人、人与社会的辩证关系，如何创造人生价值，体现

---

① 《马克思恩格斯文集》第1卷，人民出版社2009年版，第501页。

生命意义,已经成为摆在每一个中国人面前的非常严峻的时代课题。但我们面对的基本国情、主要矛盾未变,我们的共同理想和奋斗目标未变,我们的崇高使命和历史责任未变,因此,对于社会主义中国而言,郭明义所处的时代仍然是艰辛探索和伟大变革的时代。这个时代不能没有自己的道德勇气,不能没有自己的道德价值,不能没有自己的道德坐标,不能没有自己的道德审美。郭明义以"雷锋传人"的名义,扮演了时代精神物质承担者的光荣角色。

(三)当代雷锋郭明义精神不是一种狭隘地域精神,而是一种博大而浩瀚的新人文精神

辽宁既是雷锋精神的发祥地,又当代雷锋郭明义精神的故乡。但无论雷锋,还是当代雷锋郭明义精神,其精神价值绝不仅仅属于辽宁,而且因其在思想逻辑上挑战亚当·斯密的"经济人"假设,而开辟了现代版的人文精神的新境界。众所周知,亚氏的假设天真而又固执地把追求经济利益视为人的行为的根本动机,主张用金钱与权力操纵和控制人的行为,进而使"经济人"的行为更效。在今天看来,如果这一假设在资本逻辑框架下,等价交换成为人的存在哲学的时代尚能得到证明,那么在社会主义中国"经济人"的道德信奉者则绝对是也应当另一个物种。郭明义用自己崇高的信仰、坚定的信念、持续的奉献,颠覆了亚氏学说,正如郭明义自己所言:"如果把金钱、名利、地位放在第一位的话,一旦你得到了这些,你的心里会烦躁,会不安,身体就会不健康。所以如果你想身体健康,想要内心安定的话,就要充满乐观的心态去面对,这样你的内心也会强大起来。""最美妈妈"、"最美教师"、"最美司机"……的"问世"及其受到中国普通百姓追捧与景仰,充分表明人心向善的民族精神视线日益清晰。

三、郭明义精神——社会主义核心价值观的生活展现

新中国经历了从高度集中的计划经济体制到充满活力的社会主义市场经济体制,从农业社会到工业社会,从封闭半封闭到全方位开放,从传统到现代的伟大历史嬗变,时代场景发生了巨大变换,时代主题发生

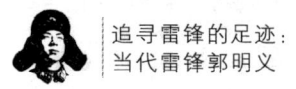
追寻雷锋的足迹：
当代雷锋郭明义

根本变化，深刻地影响了民族的道德取向和精神建构。尽管人们面对中国经济社会发展中的各种深层次矛盾和问题，时而浮躁，时而埋怨，但当人们为"感动中国"人物所感动之时，内心还是对当代雷锋郭明义精神油然而生敬意，甚至潸然泪下。这不正表明当代雷锋郭明义精神触碰了人们的灵魂，与社会主义核心价值体系实现了时代的契合吗！

社会主义核心价值体系既是主流意识形态、执政党意志、国家意志的体现，又是人民群众根本价值诉求的反映，并融入人民群众的生活实践，其基本底色是个人利益与集体利益的辩证统一，个人价值与社会整体价值的浑然天成和有机融合。也许有人说这种"浑然天成"太遥远，也许有人说这种"有机融合"太抽象，殊不知社会主义核心价值体系从理想变成现实，从应然变成实然，从精神变成物质，本质上是从理论理性经由价值理性向实践理性的创造性转化过程。

党的十八大明确提出："倡导富强、民主、文明、和谐，倡导自由、平等、公正、法治，倡导爱国、敬业、诚信、友善，积极培育和践行社会主义核心价值观"[①]，使社会主义核心价值体系培育和践行有了基本抓手和依托。当代雷锋——郭明义在"把幸福给你"奉献中，实现了复杂社会主义核心价值观的生活化、社会化、大众化。他从实践社会主义荣辱观开启，把核心体系的理论和知识形态转化成了可以感知、可以体会、可以触摸的现实生活，使之不再遥远，不再抽象、不再扑朔迷离，不在雾里看花，展示了社会主义核心价值体系的时代魅力。

宇宙之在，横无际涯，人类之渺，宛如尘沙。德国哲学家康德曾经说过：有两样东西，人们越是经常持久地对之凝神思索，它们就越是使我们内心充满常而日增的惊奇与敬畏——"头上的璀璨星空"和"内心的道德法则"。敬畏，因为自身渺小；惊奇，因为宇宙伟大。

这，不正是中国人两千五百多年来一直信奉的上善若水，克己利他的精神道德吗！一个先进人物、一种时代精神、一种价值理念的传播，

---

① 胡锦涛：《坚定不移沿着中国特色社会主义道路前进 为全面建成小康社会而奋斗》，人民出版社2012年版，第31—32页。

一旦能够进入文化的血脉,就会在民族文化的土壤里生根开花、在民族文化的长河中源远流长。郭明义在自我与他人、有限与无限、平凡与伟大、思维与存在的辩证统一和生活较量中,为我们提供了社会主义核心价值观的实践样本,这一实践样本已经和正在成为我们这个时代最强烈的精神呼喊!

这也正是"当代雷锋"——郭明义精神所以超越时空、穿越时代、万人景仰的真谛所在。

(作者系沈阳师范大学马克思主义学院院长、教授)

论雷锋精神的历史传承与时代升华

——从雷锋到郭明义的思考

张仲国

从1963年毛泽东同志为雷锋题词起,至今已50年。雷锋精神之所以既能引领时代,又能超越时代,是因为雷锋精神所蕴含的对理想信念的坚定执著、对人生幸福的理性追求、对同志群众的信任温暖、对国家人民的责任忠诚,始终闪耀着信仰的力量、真理的光辉、美德的价值。一名普通士兵的模范事迹和高尚思想像辉煌的交响,在神州大地激荡。从雷锋到郭明义,雷锋精神激励了一代又一代人的成长进步,在中华大地得到接力传承与升华弘扬。

一、从雷锋到郭明义,展示了中华民族的优秀品质,反映出雷锋精神的民族性

雷锋精神是既一种文化自觉,也是时代精神的凝结,更是我们中华民族传统美德的延续。雷锋精神恰恰是中华民族悠久的道德传统中一朵亮丽的奇葩,是中华民族特有的民族精神在社会主义建设时期的具体表现。雷锋精神融会了中华民族传统美德的精华,以极大的凝聚作用汇入全国人民的精神支柱。雷锋身上所体现的各种优秀品质,处处浸透着中华民族传统美德的乳汁,是对传统美德的继承和发展。

中国传统文化是中华文明演化而汇集成的一种反映民族特质和风貌的民族文化,是民族历史上各种思想文化、观念形态的总体表征,是指居住在中国地域内的中华民族及其祖先所创造的、为中华民族世世代

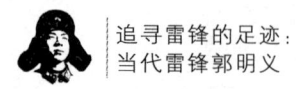
追寻雷锋的足迹：
当代雷锋郭明义

所继承发展的、具有鲜明民族特色的、历史悠久、内涵博大精深、传统优良的文化，它是中华民族几千年文明的结晶。中国传统文化中的代代相传的传统美德、民族精神和时代精神，是中国传统文化的精髓，既符合中国社会发展的客观要求，也反映了人们的普遍愿望和基本诉求，是时代和人民大众的现实需求，可以凝聚人心，是中国传统文化基本价值观的体现。

在五千多年的发展中，中华民族形成了以爱国主义为核心的团结统一、爱好和平、勤劳勇敢、自强不息的伟大民族精神。在改革开放新时期，中华民族又形成了勇于改革、敢于创新的时代精神。这一民族精神和时代精神，包括了天下兴亡、匹夫有责，富贵不淫、贫贱不移、威武不屈，先天下之忧而忧、后天下之乐而乐等民族优良传统。

在中华民族的历史长河中，人们一直崇尚克己奉公、舍己为人、仁者爱人、团结互助等基本价值观。"大道之行也，天下为公"，"老吾老，以及人之老；幼吾幼，以及人之幼"的理想社会，曾经长期为国人所憧憬。《左传》提出："父义，母慈，兄友，弟恭，子孝。"孔子更是以"仁"为人生价值追求，而"仁"就是爱人。在《论语》中，"仁"字出现了一百多次。孟子提出了仁、义、礼、智四德说，主张守望相助、出入相支、疾病相持。孟子提倡："仁者，爱人……爱人者，人恒爱之。"墨子则更明确指出，天下纷乱的根源在于人们的"交恶"和"亏人自利"，要治国平天下必须做到"兼相爱、交相利"，有力者疾以助人，有财者勉以分人，有道者劝以教人，主张不分等级和不分先后的博爱和互助。

中华民族几千年文明积淀的传统美德，如勤劳勇敢、正直善良、诚实守信等，深深地渗入于民族的文化心理、伦理观念、交往规则中，影响熏陶了一代代人。

人们从雷锋精神深切地感受到，学雷锋做雷锋就是在生活中明辨是非、扬善去恶、尚美弃丑，在道德修养中追求崇高、坚守信仰。从雷锋同志身上、从雷锋精神之中切实感受到了中华民族精神和传统美德的强大力量，也生动体现了人们的道德追求和精神向往。这种追求与向往，不因风雨砥砺而失色，不因时代变迁而蒙尘，绘就了一幅人与人之间、人与社会之间关怀友爱的美好图景。

雷锋精神作为中华民族的宝贵精神财富为郭明义们接力传承。具有鲜明民族特色的雷锋精神，是中华民族宝贵的道德资源和精神财富。雷锋精神很好地体现了我们民族的美德。雷锋忠于国家，忠于人民的品德自古就是我们中华民族的美德。

"忠"最初不是后世忠君的概念。《左传》中，季梁主张"上思利民，忠也"，曹刿论战认为鲁庄公的"小大之狱，虽不能察，必以情"是"忠之属也"，晋人荀息认为"公家之利，知无不为，忠也"，楚人子囊认为"将死不忘卫社稷，忠也"，忠强调的主要是国君忠于人民，官员忠于国家。而孔子将忠从政治伦理扩展到人际关系的准则，主张"主忠信"，"与人忠"，"言忠信"。忠的观念造就了中华民族的优秀爱国传统，"国家兴亡，匹夫有责"，"位卑未敢忘忧国"，国破家亡的危急时刻，多少英雄志士毁家纾难，甚至献出自己的生命。毫不利己、专门利人，全心全意为人民服务是共产党人的革命传统，是中华民族己立立人、己达达人传统美德的升华。孔子主张"己欲立而立人，己欲达而达人"，"己所不欲，勿施于人"，自己想立身也要帮助他人立身，自己想发达也要帮助他人发达，自己不想做的事情就不要让别人去做。

爱岗敬业精神是中华民族的优秀传统，孔子就主张"事思敬"，"执事敬"，"修己以敬"，"工欲善其事，必先利其器"，"事君，敬其事而后其食"，做任何事情都要严肃认真，要提高自己的工作能力，先做好事情然后才去考虑报酬。严于律己，自省修身是中华民族的传统，儒学本来就是内圣外王之学，重视自身道德的修养。孔子主张"正其身"，"其身正，不令而行"，要"修己以安百姓"，要"见贤思齐，见不贤而内自省"，赞扬颜回"退而省其私"，曾参说自己"吾日三省吾身"，都非常重视自己品德的修养。修身是根本，修身才能齐家、治国、平天下。

50年过去了，雷锋精神依然焕发着勃勃生机，一批又一批雷锋式

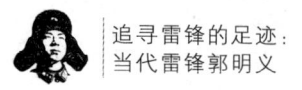
追寻雷锋的足迹：
当代雷锋郭明义

的榜样在全心全意为人民服务的伟大事业上传承接力。郭明义就是新时期学习实践雷锋精神的优秀代表。他爱岗敬业，无论在什么岗位上，始终以饱满的激情、乐观的态度投入到工作中；他助人为乐、无私奉献，在他人遇到困难之时，竭尽全力倾心帮扶；他关注社会、促进和谐，千方百计为困难群众排忧解难，化解可能引发职工与企业、群众与政府之间的矛盾。郭明义以踏踏实实的行动、点点滴滴的奉献，给新时期的雷锋精神增添了耀眼的光彩。

透过郭明义事迹，我们看到了他牢记宗旨、坚定信念的政治品质，恪尽职守、争创一流的敬业精神，克己奉公、奉献社会的高尚情怀和扶危济困、团结互助的优良品德，我们看到了雷锋精神的光芒跨越时空。和雷锋一样，郭明义的事迹产生了巨大的感召力和示范效应：鞍钢有5800多人的郭明义爱心团队、济南钢铁公司也有郭明义爱心大队……在郭明义事迹的感召和激励下，一个又一个雷锋精神的践行者紧跟其后。实现中华民族伟大复兴，需要建设中华民族共有精神家园。建设社会主义核心价值体系和中华民族共有精神家园，需要雷锋精神的大发扬，需要像郭明义这样的良好道德风尚的带头者，需要更多的、在各个岗位上的郭明义。

二、从雷锋到郭明义，体现了主流道德的价值取向，反映出雷锋精神的广泛性

伟大源自平凡。雷锋由无数平凡小事升华铸就了崇高的雷锋精神，雷锋作为一个处于和平时期社会主义建设中的普通战士，生活和工作中没有惊天伟业，却在平凡中展现伟大。雷锋精神不是说教，它是通过一个常人对待工作、生活和人生旅程中的点点滴滴小事，展示了如何做人、如何做事、如何对待他人、社会和自己的道理，用形象化、具体化、人格化、个性化的形式，告诉人们什么是社会主义的核心价值，什么是共产党人的价值观和道德观，什么是最高理想、共同理想，人应当为什么而活着，生命的意义在于什么等等。对于这些，每个人都可从自身的经历和体验，从雷锋精神中感悟信仰、价值观、道德观。

雷锋精神是对雷锋事迹所表现出来的先进思想、道德观念和崇高品质的理论概括和总结，是社会主义价值观念的人格载体。雷锋坚定的政治信念，全心全意为人民服务的高尚品格，自强不息、积极进取的人生态度，无不生动展现了那个时代社会主义中国人民、军人和青年的精神风貌；雷锋身上所体现的真挚的爱国主义思想，厚重的集体主义意识，高尚的无私奉献情怀，是社会主义价值观念和道德规范在个体人物身上的真实写照。

正因为有了雷锋这个有血有肉的精神典范，社会主义价值观念才变得生动鲜活、可知可感，产生了震撼人心的力量。在雷锋精神的感召下，涌现出了许多雷锋式先进人物。他们不仅把雷锋精神进一步具体化、大众化、经常化，而且赋予雷锋精神以新的时代内涵。雷锋精神发展到今天，已不仅仅是雷锋个人思想行为的反映，而是汇聚了党和人民在社会主义思想道德建设上的成果，凝集了无数为人民无私奉献的先进典型的创造性实践，跨越了历史阶段和个体人格的范畴，成为我们这个时代精神文明的同义语、社会主义道德体系的重要内容、先进文化的象征，融入了中华民族的精神血液与道德肌体。

在当代中国，还没有哪种英模精神能够像雷锋精神那样，表现出如此强烈的先进性、开放性和普适性。随着我国改革开放的不断深入，经济全球化深入发展和全球思想文化交流交融交锋不断增强，意识形态领域的情况尖锐复杂，更加需要我们大力弘扬雷锋精神，坚持不懈地用中国特色社会主义理论体系武装全党、教育人民，用中国特色社会主义共同理想凝聚力量，用以爱国主义为核心的民族精神和以改革创新为核心的时代精神鼓舞斗志，用社会主义荣辱观引领风尚，提高全社会的道德水平，推进社会主义核心价值体系建设。

在这一点上，雷锋精神以非常具体、贴近生活的方式，鲜明地告诉人们，什么是真善美，什么是恶丑假，对重塑全社会公德和共同道德，很有意义。谢觉哉同志曾指出："雷锋同志是平凡的，任何人都可以学到；雷锋同志是伟大的，任何人都要努力才能学到。"

在雷锋精神激励下成长起来的郭明义，无论是参军入伍在部队还是

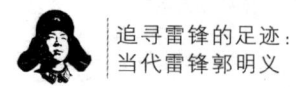
追寻雷锋的足迹：
当代雷锋郭明义

复员退伍到地方，几十年来始终坚持从身边的小事做起，助人为乐，无私奉献。郭明义的事迹，许多看起来都是小事，比如资助困难孩子家庭、献血等，普通人也可以做，但他长期坚持，矢志不渝。平凡中见伟大，平凡中见精神。郭明义这个新时期的"活雷锋"，能够深深地感动和鼓舞大家，让人可信、可敬、可学，根本就在于他践行雷锋精神的事迹来自于平凡，植根在民间，人人都可以学习和实践。郭明义用日积月累的平凡小事传承和弘扬雷锋精神。郭明义几十年如一日，把弘扬雷锋精神作为人生追求，始终"就照着雷锋那样去做"，把践行党的根本宗旨作为神圣使命，团结互助、关爱他人、奉献社会，在平凡岗位上创造了不平凡的业绩。

　　为人民服务是雷锋精神的核心，也是贯穿郭明义事迹的主旋律。雷锋是在火热的社会主义建设中涌现出来的先进人物，是中国共产党人的优秀代表。他自觉地"把有限的生命投入到无限的为人民服务之中去"，把生命的每一分光和热都毫无保留地奉献给了人民；他毅然地把个人的前途完全融入党和人民的事业之中；对待同志"甘当革命的螺丝钉"他把帮助他人当作人生最大的快乐和幸福，总是"像春天般的温暖"……雷锋以言行一致的毕生实践圆满地回答了"怎样做人、为谁活着"这一根本问题，从而成为一个高尚的人、一个有理想有道德的人、一个永远活在人民心中的人。他短暂一生中充分表现出的全心全意为人民服务的崇高志向、鞠躬尽瘁的敬业精神、助人为乐的道德情操，以及共产党员、革命军人的优秀品质，给我们留下一份弥足珍贵的巨大精神财富。

　　郭明义参加工作30多年来，坚持不懈地弘扬雷锋精神，始终以一名共产党员的标准严格要求自己，他牢记宗旨、坚定信念、关心群众、服务群众，20年来累计无偿献血6万多毫升，先后为"希望工程"、困难职工和灾区群众捐款12万多元，资助贫困生180多名，是人民群众眼中的"雷锋传人"、"爱心使者"。作为一名共产党员，郭明义以高尚的思想道德要求和鞭策自己，把服务人民作为自己坚定的理想信念和价值追求，在全社会做出表率；作为一名普通工人，他立足本职，兢兢业业，用自己的行动影响和带动着周围的人。郭明义的事迹体现了雷锋精神先进性与广泛性的高度统一。

在雷锋离开我们近半个世纪后的今天，一个转型期的社会正面临着多元价值观的考验，更加呼唤崇高的道德价值观念在全社会的弘扬。社会主义市场经济的发展，大大增强了人们的自立意识、竞争意识、效率意识、民主法治意识和开拓创新精神，推动了我国经济发展和社会进步。同时，市场经济活动的一些消极影响反映到人们的思想中来，反映到人与人的关系上来，容易诱发拜金主义、享乐主义、极端个人主义和消极腐败现象。宣传郭明义，学习郭明义，是因为他的事迹承载着社会主流道德的价值取向，体现着我们社会所倡导的人生观、价值观和道德观，是为一个崇尚美德的社会注入宝贵的精神给养和不懈的前行动力。

三、从雷锋到郭明义，诠释了和谐社会的精神力量，反映出雷锋精神的时代性

文明的社会离不开高尚精神，和谐的社会离不开崇高品德。公民的道德水平，体现着一个民族的基本素质，反映着一个社会的文明和谐程度。如果一个社会没有价值支撑，只有对财富的崇拜和对享乐的追求，社会不可能健康发展，也不可能和谐稳定。

雷锋精神源于时代，但其意义影响超越了时代。雷锋的名字为全社会、乃至全世界广为传诵。随着形势和条件的变化，雷锋精神时代化愈显重要。雷锋，这个50年前就响彻中国大地的名字，历经50年风雨沧桑、社会变迁，今天依然在无数中国人心中具有沉甸甸的分量。人们都清楚，这就是精神的力量。记得诗人臧克家在纪念鲁迅的诗中曾写道：有的人活着，他已经死了；有的人死了，他还活着。这句话作为名言被多处引用，因为它用简洁的语言，道出了一个深刻的真理，一个具有纯粹而高尚情操的人，会永远活在人们心中，他所代表的精神，会跨越时空，成为永恒。50年来，正是这位仅有22年短暂生命的普通士兵，以他平凡生活中表现出来的非凡精神感动着、教育着、影响着一代又一代

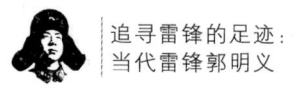
追寻雷锋的足迹：
当代雷锋郭明义

中国人。

　　雷锋精神自产生至今，已经过去半个世纪了。虽然时代在不断发展，雷锋却并没有走远，他一直活在人们的心中，我们也为拥有这样一个不朽的英雄而无比骄傲。一代又一代的中国人在雷锋精神的强力感召下，一方面继承和弘扬着雷锋精神的核心品质，另一方面又在不断地为雷锋精神注入了新的时代内涵，雷锋精神也因此永葆活力。

　　服务人民、助人为乐的奉献精神。"雷锋"这个名字，已经成为了人们心目中热心公益、助人为乐、扶贫济困、服务人民、奉献社会的代名词。只要是人民所需要的，不管是分内的还是分外的事情，他都乐意干，他付出自己的全部力量去工作、去助人，并以帮助他人为乐。因此，可以说服务人民、助人为乐的奉献精神是雷锋精神的核心。助人为乐，是中华民族的传统美德，是道德范畴里的东西，它展示了一个人内心深处的真善美，是一种值得向往的美好品质。助人为乐的美德在中国流传数千年，时至今日仍在发扬光大：汶川地震发生后，举国上下陷入沉重的悲恸中，社会各界踊跃捐款捐物，成千上万志愿者及解放军官兵冒着生命危险赶赴灾区救死扶伤；当某青春少年突患大病无钱送治的消息传播开时，无数好心人给予这位不幸罹难的陌生人以支援且不留姓名，默默地献出自己的爱心。这就是助人为乐的精神。

　　现如今，我们国家经济快速发展，社会不断进步，人民生活水平也大幅度提高，与雷锋当年所生活的艰苦岁月有了巨大的变化。但是，即便如此，解难助困的任务还很重，需要帮助的人还很多。据有关部门统计，我国2011年救助受灾群众有7500万人（次），需要社会提供帮助的60岁以上老人1.7亿人，需要救助的农村低保人口5300多万人，需要社会提供帮助的残疾人有8200多万人。面对这个现实，发扬雷锋精神的时代内涵研究雷锋助人为乐精神，显得尤为重要。在我们生活的当今社会中，人人都可以成为被服务的对象，人人又都可以主动地为他人提供服务。大力弘扬服务人民、助人为乐的奉献精神，必将使我们的社会更加安定团结，人与人之间更加融洽和谐，我们国家和民族也将更具有凝聚力和战斗力，从而实现国富民强的伟大目标。

干一行爱一行、专一行精一行的敬业精神。雷锋当过通讯员,当过推土机手,当过汽车兵。不管从事什么样的工作,他都兢兢业业、一丝不苟、勤奋努力、脚踏实地,都是干一行爱一行、专一行精一行,工作在哪里,就在哪里闪光发热,螺丝钉精神在他身上永放光芒。作为一个由亿万民众组成的发展中国家,只有当每一个个体都能兢兢业业、尽职尽责地做好自己的本职工作时,我们的集体才会因之而强大,我们的国家才会因之而富强。因此,雷锋的敬业精神值得我们每一个人学习,这一精神也促使我们把个人选择和社会的需要、人民的需要有机地结合起来,在各自具体的工作岗位上尽职尽责、善始善终,不负人民、不负时代。

锐意进取、自强不息的创新精神。雷锋靠着人们广为称道的"钉子"精神,挤出时间,刻苦钻研驾驶技术,他不仅钻技术,还把毛泽东思想当作"粮食、武器、方向盘",他善于联系自己的思想实际,刻苦地学习革命理论。他写出的《雷锋日记》是留给我们时代的精神典籍。雷锋的"钉子"精神,就是一种追求卓越的锐气,是一种自强不息的创新精神。当今世界是一个大发展的世界,也是一个大变革的世界。科技和文化已经成为国际舞台上各国综合国力竞争的锐利武器,也是衡量一个国家综合国力的重要指标。在这种大环境下,党和政府提出了建设创新型国家的宏伟目标,把增强自主创新能力作为发展的战略基点,要求大力推进理论创新、制度创新、科技创新、文化创新以及其他各方面的创新。

1. 要大力推进理论创新,就应该坚持"实践是检验真理的唯一标准",摒弃那些不合时宜的观念、做法和体制,把思想认识从对马克思主义的错误的和教条式的理解中解救出来,从主观主义和形而上学的桎梏中解放出来,从而不断赋予当代中国马克思主义以鲜明的实践特色、民族特色、时代特色。

2. 要大力推进制度创新,就应该不断完善社会主义市场经济体制,进一步解放和发展社会生产力,使中国特色社会主义始终充满生机和活力……

3. 要大力推进科技创新，就应该实现科学技术的跨越式发展，使科技成为我国经济社会发展的强劲动力，为建设创新型国家奠定坚实的基础。

4. 要大力推进文化创新，就应该实现社会主义文化发展大繁荣，提高国家文化软实力，努力将我们的祖国建设成为社会主义文化强国。我们一定要发扬雷锋锐意进取、自强不息的创新精神，不断开创改革开放事业的新局面，攀登改革开放事业的新高峰。

艰苦奋斗、勤俭节约的创业精神。艰苦奋斗、勤俭节约，是雷锋精神极具特色的内容，它秉承了中华民族艰苦奋斗、发愤图强的民族精神，发扬了艰苦创业、勤俭建国的革命传统。雷锋在工作上处处为国家着想，事事精打细算。雷锋有一个"百宝箱"，他把平时捡拾到的各式各样的物件收纳在他的百宝箱里面，而这些东西随时可以派上用场，既为国家节约了财物，也为他人提供了方便，还能够提高自己的工作效率。这种勤俭节约、艰苦奋斗的优良作风在今天已经少有见到，也正是因为如此，这种精神在物质财富日益富足的今天显得更加可贵。然而，随着社会的大转型，个人主义、享乐主义之风越吹越盛，受各种腐朽思想的沉渣泛起的影响，有些人开始认为艰苦奋斗、勤俭节约已经不再适用于当今社会，认为雷锋精神也已经过时了，因此，贪图享受、铺张浪费的习气滋生了，一些不良社会风气也随之助长了。

随着改革开放和现代化建设的发展，生产力水平的不断提高，社会财富的日益增加，我们鼓励科学合理的消费，对人们求富求美的需求也不再简单否定，但这与艰苦奋斗精神并不冲突。当下，我们提倡的艰苦奋斗、勤俭节约、提倡创业，反对的只是那些过度的超前消费、铺张浪费、讲排场、摆阔气的不良风气，尤其是挥霍奢侈的腐败作风，这一点不但与在全社会大力倡导富国富民进取精神与新时代的创业精神不相矛盾，反而与之是相得益彰，互相促进的。

我们要清醒地看到，我国仍然并将长期处于社会初级阶段的基本国情没有变，我国仍是世界上最大的发展中国家，全面建成小康社会，基本实现现代化依然任重道远。因此，我们决不能贪图享受，停滞不前，必须增强忧患意识，始终居安思危，踏实肯干，艰苦奋斗，勤俭创业，去战胜目前的一切困难，去攻克前进道路上的层层障碍，以实现全面建设小康社会的宏伟目标

纵观50年的社会发展，我们会看到，同样是在雷锋精神影响下成长起来的人，却都有着各个年代的不同特征。这其中很重要的一个原因就是，雷锋精神在不同的社会历史条件下，会表现出不同的时代特征，体现出具体的时代含义。

在当代中国，国家的发展进步、社会的稳定和谐，离不开公民道德与精神的推动。伴随着经济高速增长、改革不断深化、社会深刻转型，社会道德建设面临前所未有的严峻挑战。社会的一些领域和一些地方道德失范，是非、善恶、美丑界限混淆，见利忘义、损公肥私行为时有发生，不讲信用、欺骗欺诈成为社会公害，以权谋私、腐化堕落现象严重存在。

这些问题如果得不到及时有效解决，必然损害正常的经济和社会秩序，损害改革发展稳定的大局。而雷锋那种为人民服务、崇尚节俭、提倡学习、坚持原则、诚实守信、助人为乐等等的品质，不都是今天人们从内心呼唤，社会也大力推崇的社会主义核心价值体系的重要内容吗？市场经济改变了人们的社会生活方式，但并不会泯灭人们追求美好社会生活的良知，恰恰相反，市场经济条件下，更需要以高尚的精神力量来抗拒各种不健康因素的侵袭，保持社会的平衡发展。这一点，邓小平早就讲过了，那就是物质文明和精神文明两手都要硬。历史是客观的，它最终会淘汰一切对于社会发展不再具有进步意义的陈迹遗风；历史也是有情的，它会呵护传承一切能够塑造人们美好心灵的精神华章。历史是由人民创造的，人民的理想任何时候都是社会发展的最终方向。这就是雷锋精神任何时候都不会过时，都会有它时代价值的根本原因。

雷锋在郭明义心中播下了种子，而郭明义赋予了雷锋精神更鲜明的时代性。面对社会经济成分、组织形式、就业方式、利益关系和分配方式多样化的趋势，面对经济社会发展的一系列深层次矛盾日益凸

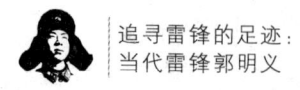
追寻雷锋的足迹：
当代雷锋郭明义

显，面对世界范围各种思想文化的相互激荡，弘扬雷锋精神面临许多新情况、新问题。郭明义是在新的历史条件下，在多元文化的现实社会中，坚定信念弘扬雷锋精神的时代先锋。他处在市场经济时代，在不同价值取向的社会里继承、发扬、践行雷锋精神。应该说他所处的社会环境比雷锋那个时代更复杂，郭明义承载了雷锋精神在新时期的时代价值。郭明义在新的历史条件下，继承和发扬雷锋精神，无论是在军营、企业，还是在社会中，始终把服务人民作为自己坚定的理想信念和价值追求。

在平凡的岗位上忠实地履行着共产党员的责任和义务。特别是在金钱和官位面前，表现出了一位模范共产党员的高风亮节和坚定不移的崇高信念。郭明义以无私奉献的实际行动，生动回答了在新的历史条件下，如何正确认识和处理自我与他人、个人与集体、索取与奉献、平凡与崇高等人生课题，诠释了当代共产党人的坚定信念和高尚情操，赋予雷锋精神以新的时代内涵。他关注社会，为党分忧，为民解难，通过一点一滴的工作，化解了许许多多职工与企业之间，人民群众和党委、政府之间的矛盾和问题，促进了整个社会的和谐，是构建社会主义和谐社会的表率。

郭明义以实际行动学习实践雷锋精神，集中展现了我们这个时代公民道德的高度与力量，建树起了新时代公民的精神标杆。如果每个人都像郭明义那样以助人为乐，以奉献为荣，以做好事、献爱心为幸福，和谐就有了情感基础。有千万个郭明义们的自觉行动，就必定凝聚起促进社会和谐的强大力量。事实也是如此，郭明义的事迹形成一股不可阻挡的道德力量，感召和影响着越来越多的人为共建和谐社会添砖加瓦。而这，正是我们构建社会主义和谐社会的强大基础和不竭动力。

党的十七届六中全会明确提出，要"深入开展学雷锋活动，采取措施推动学习活动常态化"；党的十八大报告浓墨重彩地突出了道德建设的重要地位，在谈到"要全面提高公民道德素质"的时候，提出"深化群众性精神文明创建活动，广泛开展志愿服务，推动学雷锋活动、学习宣传道德模范常态化"。这是我们党积极适应时代发展进步要求发出的有力号召，今天，我们的国家正在日益强盛，经济正在迅速发展，和谐社会展现了无比美好的前景。具有中国特色的社会主义事业，需要千千万万个雷锋，需要千千万万个郭明义。

（作者系辽宁省雷锋研究会秘书长、辽宁石油化工大学马克思主义学院副院长）

社会主义核心价值观建设与郭明义精神

马 骥

社会主义核心价值观是在社会主义价值观念体系中居于核心地位，对社会其他价值观念起指导作用，并从最深层次科学地反映社会主义的本质属性的价值观念。它是中国特色社会主义特质在价值观层面的体现，是社会主义核心价值体系的核心组成部分。郭明义的精神无疑是社会主义核心价值观的完美体现，同时在建设社会主义核心价值观过程中也需要郭明义精神。

一、社会主义核心价值观与郭明义精神

（一）社会主义核心价值观的基本内涵

1. 价值与价值观。价值是体现主体与客体关系的一个范畴，它反映的是客体满足主体需要的关系。我们说某种事物或现象具有价值，就是因为该事物或现象能满足人们的某种需要，成为人们的兴趣或目的所追求的对象。譬如手机，同样功能款式，有些人会灵活运用它的各种功能，有些人却只会使用它的简易功能，如何体现价值？使用价值相同，却表现出不同的用处，这跟使用者有关，而非仅限于物品的有用性。这就体现了价值的针对性，针对不同的人群，实际价值表现并不完全一致。

价值观是人们关于什么是价值、怎样评判价值、如何创造价值等问题的根本观点。价值观的内容，一方面表现为价值取向、价值追求，凝结为一定的价值目标；另一方面表现为价值尺度和准则，成为人们判断事物有无价值及价值大小的评价标准。价值观对人们自身行为的定向和

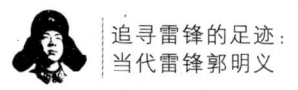
追寻雷锋的足迹：
当代雷锋郭明义

调节起着非常重要的作用，它决定人的自我认识，并由此影响和决定一个人的理想、信念、生活目标和追求方向的性质。

我们一般把价值观分为两大类，一类是一般价值观，另一类是核心价值观。在一个国家和社会的价值观体系中，各种价值观的地位并不是完全相同的，有些价值观在整个社会价值体系中居于从属地位，它仅仅体现社会某个方面或领域的价值取向和追求，这种价值观就是一般价值观；另一种是处于主导和支配地位的价值观，它引领和统率着其他处于从属地位的价值观念，是一种社会制度和社会公民普遍遵循的基本原则，体现着这个国家或社会所特有的文化精神追求和基本价值理念。这种居于社会主导地位的价值观就叫核心价值观。

2. 社会主义核心价值观。社会主义核心价值观是指那些在社会主义价值观体系中居统治地位、起决定性指导作用的价值理念，是反映社会主义基本的、稳定的社会关系及价值追求的价值观，它是社会主义价值观体系中最基础、最核心的部分，是我们民族长期秉承的反映社会主义本质和建设规律的根本原则和价值观念的结晶，是中国共产党人和全体中国人民在社会主义革命、建设和改革过程中逐步形成和发展起来的核心价值目标和价值观念，这种核心价值理念支撑着我们在建设社会主义伟大实践中的行为指向和行为准则，从更深层次影响着全体国民在建设中国特色社会主义伟大实践中的思想方法与行为方式。

社会主义核心价值观与社会主义核心价值体系是两个既有联系、又有区别的概念。从根本上来说，社会主义核心价值观与社会主义核心价值体系在本质上是一致的、统一的，它们都体现了社会主义的核心价值追求，是建设中国特色社会主义不可或缺的重要价值遵循。但从严格的意义上来说，它们又是相互区别的。社会主义核心价值体系指的是社会主义意识形态中那些反映社会主义经济、政治和文化制度要求、体现社会主义发展趋势的核心思想意识、价值观念的总和，而社会主义核心价值观则是对社会主义核心价值体系核心内容和精神实质的高度凝练及抽象概括。

3. 社会主义核心价值观的基本内容。党的十八大适应当代中国社会发展需要和广大人民群众的共同期盼,以社会主义核心价值体系为基础,明确提出了以"三个倡导"为主要内容的社会主义核心价值观,从不同层面规范了我们国家、社会和公民的核心价值追求。

(1)"富强、民主、文明、和谐"体现了中国特色社会主义的价值目标,是立足国家层面概括出的社会主义核心价值观。大家知道,中国特色社会主义现代化建设的总体布局就是经济建设、政治建设、文化建设、社会建设和生态文明建设,无论是经济建设、政治建设、文化建设、社会建设和生态文明建设,都有一个共同的价值追求目标,我们党在过去曾经把这个共同价值追求表述为"民族独立,人民解放","国家繁荣,人民幸福"。在社会主义现代化建设时期,我们的主要任务就是要通过经济建设、政治建设、文化建设、社会建设和生态文明建设,实现全面建成小康社会和社会主义现代化的宏伟目标,这个宏伟目标从价值追求角度来说就是要达到"富强、民主、文明、和谐",也就是说经济上要越来越富强,政治上要越来越民主,文化上要越来越文明,社会和生态上要越来越和谐。"富强、民主、文明、和谐"的核心价值观集中体现了中国特色社会主义现代化的价值目标和价值追求,符合当代中国共产党人和全体中国人民寻求民族复兴的共同愿景,是一个凝聚人心、鼓舞士气、激发活力、振奋精神的价值目标。

(2)"自由、平等、公正、法治"体现了中国特色社会主义的基本社会属性,是立足社会层面概括出的社会主义核心价值观。自由、平等、公正、法治是马克思主义的基本要求,也是中国共产党人的一贯价值追求。马克思主义追求的终极目标就是人的自由而全面的发展。我们党自成立起,就把带领人民实现自由、民主、平等写到自己的旗帜上,并为之而不懈奋斗。新中国成立后,我们党又把这些目标写到社会主义旗帜上,使之成为激励人们发愤图强建设社会主义的强大精神动力。改革开放以来,随着我国社会主义市场经济体制的建立和社会主义民主政治的深入发展,广大人民群众的民主法治意识越来越强,自由平等观念日益深入人心,维护公平正义的要求也越来越高。正是

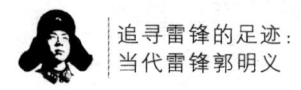

适应广大人民群众这种新期待、新要求,我们党更加自觉地把自由、平等、公正、法治等理念深入扎实地体现到党的各项理论和实践之中。党的十七大报告强调要"树立社会主义民主法治、自由平等、公平正义理念",党的十八大报告则把"倡导自由、平等、公正、法治"作为"积极培育和践行社会主义核心价值观"、推进社会主义核心价值体系建设的一项重要内容。由此可以看出,自由、平等、公正、法治是当代中国共产党人坚持科学发展、坚持以人为本、坚持执政为民、坚持依法治国伟大实践的集中价值体现,也是我们坚持和发展中国特色社会主义的核心价值追求。

(3)"爱国、敬业、诚信、友善"体现了社会主义国家公民的基本价值追求和道德准则要求,是立足公民层面概括出的社会主义核心价值观。加强对全体公民的价值观、道德观教育是一项长期而紧迫的任务,尤其是面对当前社会经济利益和分配方式多样化的趋势,面对全面建成小康社会和人民群众精神文化需求的不断增长,面对世界范围各种思想文化的相互激荡,如何形成社会的主流价值观、如何把公民价值观、道德观教育提高到一个新水平,这成为摆在全党和全国人民面前的一个重要课题。党的十八大在继承和发展我们党关于社会主义核心价值体系思想的基础上,紧密结合全面建成小康社会和发展中国特色社会主义的新需要,从公民层面提出了"爱国、敬业、诚信、友善"的社会主义核心价值观。"爱国、敬业、诚信、友善"的社会主义核心价值观,集中体现了中华民族传统美德,是中国共产党人对马克思主义公民道德和价值理念的新发展。

(二)郭明义精神的核心内容

郭明义是新时期学习实践雷锋精神的优秀代表,郭明义的精神实质就是雷锋精神在新时期的写照。雷锋身上有爱心,也有奉献的精神,因而,社会学家艾君认为,"爱心"就是郭明义思想情操的写照;"奉献"就是郭明义行为上折射出的一种精神。

有的人说郭明义是"英雄",但是他平凡的人生经历中没有惊心动魄的壮举;有的人说郭明义是"小人物",但他却像一支蜡烛,永远在照耀着别人，燃烧着自己。从他的身上，从他的行为中，让我们无处不感悟到"爱心"和"奉献精神"的存在，让我们无处不感受到一种无私奉献的文明力量的存在，也让我们能够更加懂得了"毫不利己，专门利人"的奉献内涵。

无可否认，郭明义是位"小人物"，是位很普通的职工，他没有做出惊天动地的大事业。然而，就这样一位"小人物"、"普通职工"，郭明义却并不平凡，在人们心中却显得很高大、被人们誉为"时代的雷锋"、"时代的楷模"，他在很多人的心中就是一个顶天立地的"大英雄"。为什么一位很普通的职工、很平常的"小人物"会引起社会如此高的评价？会吸引着世人众多的眼球呢？这来源于他的"爱心"和"奉献精神"。

从郭明义身上以及他的言行中，我们经常会发现他持之以恒地对爱心的坚持和追求，以及他日复一日，年复一年，始终如一地对"奉献"的践行和执著。

郭明义入党30年来，处处发挥先锋模范作用，在每个工作岗位上都取得了突出业绩。近20年中，他累计为身边工友、特困学生和灾区群众捐款12万多元，资助了180多名特困儿童。他无偿献血20年，累计献血6万毫升……

人生的意义到底是什么？怎样活着才算有意义？金钱固然很重要，经济基础决定上层建筑，但在人的一生中，它永远不是第一位的，在物质之上的，总是要有一点精神的。而这种精神在郭明义身上就是"爱心"和"奉献精神"。无论在什么岗位，也无论我们都在扮演什么样的角色，都需要具备强烈的主人翁意识和责任感，具有我们来到这个世界上而应该承担的人生责任。那就是社会责任，道德责任，进步责任。要实现这些责任，就需要"爱心"和"奉献精神"。"爱心"和"奉献精神"永远是一种文明社会发展中高尚的精神境界，是鼓舞和激励人们奋发向上的巨大力量。有了这种精神，才能够坚定民族前进的信念，才能够振奋其民族不惜追求的精神，才能够凝聚民族的力量，不断构筑起我们和谐社会的大业。

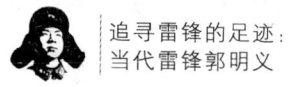
追寻雷锋的足迹：
当代雷锋郭明义

二、当前社会主义核心价值观建设存在的问题

（一）国家层面的社会主义核心价值观建设存在的问题

从国家层面看，社会主义核心价值观的培育，必须倡导富强、民主、文明、和谐，着眼于寻求"国家意志"的价值呈现。

我国正处于社会主义初级阶段，实现富强、民主、文明、和谐是当前这个阶段的根本目标。倡导富强、民主、文明、和谐，培育社会主义核心价值观，乃是我国社会主义意识形态的本质，是保障我国社会主义性质和方向的根本所在，是发展社会主义先进文化的精神旗帜。因此，在当代中国，倡导富强、民主、文明、和谐，培育社会主义核心价值观，就成为凝聚亿万人民群众智慧和力量的宏伟目标和价值理想。

从国家层面培育社会主义核心价值观，其根本目的是建构有利于国家统一、社会稳定的共同思想基础，形成维系社会团结、民族和谐的国家意志和精神坐标。倡导富强、民主、文明、和谐，就是基于共同的指导思想、理想信念、精神支柱和道德规范，超越民族、地域、职业等差异而形成的全体人民共同遵循的思想基础，就是社会主义初级阶段我们必须倍加维护的国家意志。

从国家层面培育社会主义核心价值观，其关键抓手是继续坚持马克思主义指导地位，丰富和发展社会主义核心价值体系。马克思创立科学社会主义理论、肇启社会主义运动已有160多年历史，有必要也应当形成自身的核心价值观；社会主义在中国的成功实践，为培育核心价值观提供了客观前提和丰富内涵。在当今世界，我们同资本主义的较量，其实质就是社会主义核心价值观同资本主义核心价值观的较量。因此，培育社会主义核心价值观，形成维系民族发展的国家意志和全体人民的共同价值追求，无疑是一件既关乎国家长治久安又迫在眉睫的重要任务。

从国家层面培育社会主义核心价值观，其主要路径是建立主流价值形态与民间伦理规范的对接通道。核心价值观体现的是主流价值，在社会生活中起着支配和支撑作用，得到社会各阶层的普遍认同和遵循。因此，有必要把主流价值形态的阶级属性和价值诉求融入全社会的共同价值诉求中,打通代表社会价值尺度的主流价值和代表民间价值尺度的社会规范之间的价值共识通路,让代表国家意志的核心价值观"接上地气",成为全民共同遵守的价值准则。

(二)社会层面的社会主义核心价值观建设存在的问题

从社会层面看,社会主义核心价值观的培育,必须倡导自由、平等、公正、法治,着眼于确立社会发展的价值导向。

倡导自由、平等、公正、法治,反映了社会主义社会的基本属性,体现了现代社会的基本精神要素和价值追求。马克思主义追求的终极目标是人的自由而全面的发展,这也是我们党坚持的信条,并在实践上努力将自由、平等、公正和法治循序推进,发扬光大。

从社会层面培育社会主义核心价值观,有两个方面的原因:一是应对西方敌对势力的价值观冲击波。从国际上看,随着经济全球化潮流一浪高过一浪,西方敌对势力对我国的意识形态渗透从来就没有停止过,特别是价值观领域的较量更是日渐严重。因此,培育社会主义核心价值观,是我们党立足于当前复杂多变的国际形势作出的重大战略决策。二是确立引领社会思潮的主流价值导向。改革开放和社会主义市场经济的不断发展,人们价值取向出现多样,社会思潮形成多元。新形势下也滋生了各种非马克思主义思想意识,出现了理想丧失、道德低下、诚信缺失、低俗媚俗等问题,急需通过培育核心价值观进行正面引导。党的十八大提出"用社会主义核心价值体系引领社会思潮、凝聚社会共识"其本意即在于此。

从社会层面培育社会主义核心价值观,要注意两方面的问题:一是培育社会主义核心价值观,不能割裂与优秀文化传统的联系,必须体现中国数千年的文化传统,体现出中国风格、中国气派,提升全社会的民族归属感;二是培育社会主义核心价值观,有必要深入分析研究西方资本主义价值观的合理因素,破解和超越西方发达资本主义所信奉的价值观陷阱。

(三)个人层面的社会主义核心价值观建设存在的问题

从个人层面看,社会主义核心价值观的培育,必须倡导爱国、敬业、诚信、友善,着眼于构建民间社会的底线伦理。

爱国、敬业、诚信、友善,应该是我国公民的基本价值追求和道德准则,是公民基本道德规范的核心要求,体现了社会主义价值追求和公民道德行为的本质属性。从个人层面培育社会主义核心价值观,其基本目标是构建民间社会的底线伦理,包括两个方面:一是确立公民的本分;二是提倡基本的职业道德。

倡导爱国、敬业、诚信、友善,培育社会主义核心价值观,实际上贯穿了我国公民道德行为的各个环节,涵盖了社会公德、职业道德、家庭美德、个人品德等各个方面,是中华民族传统美德、中国共产党人革命道德和社会主义新时期道德的精华集萃,具有高度的概括性、全面的系统性。

从个人层面培育社会主义核心价值观,必须着眼于处理以下几个关系:一是处理好个体价值观与整体价值观的关系。个体价值观与整体价值观是相互影响、相互作用的,不同的个体价值观汇成社会价值观的整体洪流,而社会价值观则在引导和固化着个体价值观。改革开放后,随着经济发展、社会分化以及外来文化冲击,个体价值取向进入多样化时代,拜金主义、享乐主义、功利主义大行其道,使得社会主流意识形态对民众的吸引力和凝聚力在不断弱化,出现了"信仰危机"和"道德失范"等现象。个体价值观与社会价值观之间的对立,突显出培育社会主义核心价值观的重要性。因此,在价值多样化时代,社会价值观要展现更多的包容性,尊重公民的正当利益诉求和多样化价值取向。二是处理好社会现实理性与大众价值理想的关系。核心价值观是现实性和理想性的内在统一。如果仅着眼于社会现实理性,显然缺乏凝聚力和感召力;而脱离社会现实理性提出过高的价值理想追求,则会让社会公众感到遥不可及,从而使核心价值观形同虚设,产生信仰危机,加剧社会道德失范的现象。三是处理好核心价值观的精英化提炼与大众化传播的关系。社会主义核心价值观不可能自然生发出来,作为一个内容全面系统、内涵丰富深刻、思想理论性很强的科学体系,核心价值观当然需要进行概括提炼。但其目的不是把核心价值观搞成"阳春白雪",而是要概括提炼出科学准确、通俗简明的核心价值观,以满足通俗化学习、大众化传播的迫切需要。

三、用郭明义精神推动社会主义核心价值观建设

(一) 国家层面的社会主义核心价值观建设需要郭明义精神

社会主义核心价值观是灯塔,照亮了中华民族伟大复兴的梦想彼岸。富强、民主、文明、和谐,是对中国特色社会主义共同理想的高度概括,是我国社会主义经济建设、政治建设、文化建设、社会建设和生态文明建设总的奋斗目标。中国共产党庄严承诺:在我们党成立一百年时,全面建成小康社会;在新中国成立一百年时,建成富强民主文明和谐的社会主义现代化国家。

在这个过程中,我们会遇到无数的艰难险阻,我们需要坚定的信念,需要一种精神的指引。"从入党那天起,我就选择了跟党走、多为别人奉献的人生道路","只要是有益于党和人民的事,我就要天天做"。郭明义坚信,"为崇高的理想信念奋斗,人的生命就有价值"。郭明义和雷锋一样始终胸怀共产主义远大理想和中国特色社会主义坚定信念,年复一年默默践行自己的庄严承诺,时时处处作先锋、当模范,用实际行动展示党性,让共产党人的理想信念在自己身上放射出耀眼的光芒。连在矿山工作的外国专家都发自肺腑地赞叹郭明义,说"一眼就能看出他是共产党员"。建设富强民主文明和谐的社会主义现代化强国,让发展的成果惠及全体人民。在其现实性上,就是要把党的理论路线方针政策转化为具体实践,落实到每个人身上就是首先要把自己的本职工作做好,就是踏踏实实地干事,干干净净地做人。

郭明义同志的可贵之处,是表现在他从事和工作过的岗位无一不做到一流和顶尖的水平,是标杆,是楷模,是榜样。在部队服役五年,受到七次嘉奖,获得学雷锋标兵、优秀共青团员、红旗车驾驶员等荣誉。郭明义以"爱心"和"奉献精神",呼唤着我们民族的振兴和祖国的腾飞!郭明义说:"30年来,我经历了很多,但我的信念一直很明确:一个共产党员,要为党、为国家、为人民的事业奉献自己的一切,这是天

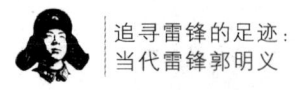

经地义的,不需要任何理由!"

建设富强、民主、文明、和谐的社会主义现代化强国,需要郭明义精神。

(二)社会层面的社会主义核心价值观建设需要郭明义精神

社会主义核心价值观是路标,指引着中国特色社会主义社会的发展方向。自由、平等、公正、法治,既是社会主义社会的基本属性和应有之义,也是人民对于社会发展的共同诉求。10年来,在中国共产党的领导下,从制定物权法,到废除收容遣送条例;从取消农业税,到实行九年制免费义务教育;从覆盖13亿人口的医保体系初步建立,到十二届人大代表首次实行城乡按相同人口比例选举,自由、平等、公正、法治的诉求,正在化成一股股信仰的力量。

中华文明一直是世界上最稳定、最进步的文明形态之一,只是到近代落后了。目前,中华文明的复兴,只有通过以"公正"为核心原则的社会主义意识形态的支撑,凸显我们的核心价值。要建立一个实现了"社会公正"的社会,人民满意的社会。中国共产党人需要有与人民利益和社会利益相一致的无私奉献精神,为人民服务精神,通过制度保障的自律精神,通过人民民主实现的民主制度和政治价值等,郭明义身上所反映出来的"爱心"和"奉献精神",正是我们这个社会所需要的精神所在。一次,他发现两个不法分子偷盗柴油,立刻高声喝止。对方想开车溜掉,他就挡在车前。对方见遇上了不怕死的,丢下汽车和柴油就跑,他在邪恶面前表现出了凛然正气。郭明义任采场公路管理员,手中握有调动采场大型车辆和机械设备的权力。一些有协作关系的私营业主,给他送现金、手机,想从中得到好处,都被他拒绝了。外商给他钱物,他坚持不收,实在推脱不掉的一块手表,也被他交给矿纪委。工人午餐的质量问题,劳保用品发放问题,工资分配问题,职工的困难问题,他都关注,并及时反映给领导,提出合理化建议,及时解决矛盾和问题。他还帮助农民工要回工伤赔偿费,自觉地维护社会安定,维护了社会的公平、正义、民主和法治。建设自由、平等、公正、法治的社会需要郭明义精神。

(三）个人层面的社会主义核心价值观建设需要郭明义精神

社会主义核心价值观是标尺，是准绳，规范着每一个社会主义公民的一言一行。人民群众，是践行社会主义核心价值观的最广大的主体。爱国、敬业、诚信、友善，是中国公民应当树立的基本价值追求和应当遵循的根本道德准则。

爱国主义不是一句空话，在战争年代表现为英勇杀敌、保家卫国奉献一切乃至生命，在和平时期更多地表现为爱国、爱党、爱民、爱家，爱学习、爱劳动、爱奉献，爱社会、爱集体，爱自己的家乡，爱自己的工作。

郭明义同志在担任英文翻译时，以出色的翻译能力、敬业精神和人格魅力赢得了外方专家的赞扬和敬佩。虽然进口备件的质量检验不归他管，但他每次都认真检查，发现5台电动轮汽车的质量有问题，他就用照相机拍下来并写出中英文说明，为企业赢得了10万美元的赔偿。在与外方工程技术人员在一起工作三年时间，外方人员为感谢他的帮助，多次要给他小费做酬谢，但都被他谢绝了。外商对他十分赞赏，几次劝他跳槽，并承诺给他的报酬至少比鞍钢高7倍，但郭明义不为所动。

他在工作上精益求精。在担任公路管理员的15年，巡查、维护公路里程累积达6万多公里，公路达标率在98%以上，在事故容易多发的岗位上，保持了安全高效生产，创造了巨大的价值和效益。他用实实在在的工作业绩诠释了他对国有企业的爱心。

作为一个平常人，他没有彪炳千秋的丰功伟绩，却有"老吾老及人之老，幼吾幼及人之幼"的拳拳爱心，在无私帮助他人方面。20多年来他55次献血、累积无偿献血6万多毫升，相当于自身血量的十倍；一个不太富裕的普通的产业工人，为希望工程、困难职工和灾区群众捐款12万多元，资助困难生180多名，把近半收入奉献给他人。所有这些，都表现出他对同胞无限地深情厚意。

个人层面的爱国、敬业、诚信、友善社会主义核心价值观中需要郭明义精神。

庄子说"吾生也有涯"，人的生命是有限的，人作为社会个体，在

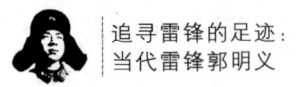 追寻雷锋的足迹：
当代雷锋郭明义

大千世界只是沧海一粟，要实现自我价值就必须在"个体的我"和"社会的我"中找准契合点——寻求"我为人人，人人为我"辩证统一。所以，郭明义做的事情的实质是一种甘于奉献、助人为乐的高尚风范；是一个普通工人立足岗位作贡献的道德操守；是一个共产党员"俯首甘为孺子牛"的勇敢担待。国家的发展需要这样的精神，社会的发展需要这样的精神，个人的发展也需要这样的精神。这样的精神是民族的脊梁，郭明义精神是社会主义核心价值观的应有之意，同时在建设社会主义核心价值观过程中需要郭明义精神。

（作者系辽宁经济管理干部学院思想政治教育教学部副主任，副教授）

郭明义幸福观的哲学意蕴及其现实价值

包春平

党的十八大报告提出：全面提高公民道德素质，这是社会主义道德建设的基本任务。公民道德建设是构建中华民族共有精神家园的迫切需要，党的十八大对道德建设的进一步提出，体现了中央对道德提升与构筑的决心，在我们心中奏响了"道德建设"的最强音。时代前进的道路上，我们需要健康向上的道德风尚来引领。当代雷锋郭明义，就用他的感人事迹感召群众，激励着全体公民的道德自觉。郭明义通过个人的道德美，动员着全社会参与道德建设、传递正能量。他感动中国的已经不仅仅是他的一份爱心，而是他与雷锋精神同样朴素的"幸福观"。

所谓幸福观，就是人们对什么是幸福，为什么追求幸福以及怎样获得幸福的根本看法和基本态度。这是每个人都要面对、思考和回答的问题，每个人可能都会有不同的答案。有人认为坐拥金山、锦衣玉食是幸福，有人认为位高权重、号令一方是幸福，而郭明义却认为"帮助别人改变命运，比啥都幸福"。

一、郭明义幸福观的基本内涵

郭明义之所以能够坚持不懈地做好事，一个十分重要的原因在于他有一种正确的幸福观。当被记者问他"什么是幸福"时，郭明义回答道："助人使人快乐，奉献使人幸福。把自己的生命同党的事业和人民的利益紧密地联系在一起，就找到了通向快乐和幸福的道路。快乐和幸福属于为党忘我工作的人，属于为人民忘我奉献的人！""只要是有益于党和人民的事，我就要天天做，每做一件，就有一股幸福感涌上心

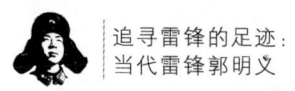
追寻雷锋的足迹：
当代雷锋郭明义

头，越做越有劲！"这就是郭明义追求幸福、体验幸福的真实写照。

概括起来，郭明义的幸福观主要包括以下几个方面的内容：

（一）轻物质享受，重精神追求

作为一位普通劳动者，郭明义以雷锋同志为"参照物"，轻视物质享受，生活标准向低标准看齐，但却有着高尚的精神追求。在物质生活上，郭明义要求不高，他崇尚一种简朴的生活，至今全家还挤在40多平方米的小房子里，再加上他长期坚持扶贫济困，看到那些需要帮助的人们就忍不住倾囊而出，因此家里更是空空荡荡，连件像样的生活用品都没有。而无偿献血，帮助贫困生、孤寡老人，并不宽裕的郭明义永远是那么慷慨大方。他一再表示，尽管自己并不富裕，但生活并不苦，也可以说生活得非常好。没有宽大的房子，没有较高的工资，没有华丽的服饰，郭明义的幸福却简单又快乐，乐于助人成为其幸福的要素所在。在他看来，物质生活的宽裕舒适并不能给自己带来幸福和快乐，只有精神领域里的幸福才是真正的幸福。

（二）以助人为乐，以奉献为荣

郭明义说："一个人，被党组织所信任，被群众所信赖，被社会所需要，把有限的生命投入到无限的为人民服务之中去，是最大的快乐。""如果发出一点光，放出一点热，能够换来孩子幸福的笑脸，换来他人生命之花的绽放，换来人与人之间的温暖和谐，这样的人生，我无怨无悔！"郭明义作为新时期的雷锋，始终把人民的难处放在心上，以人民群众的具体利益满足为目标，以更多的人走向幸福为其幸福观的量，以更多的人提高幸福感作为其幸福观的质，在改革开放的新时期，带动更多的人追逐幸福。

他用工资、奖金为困难学生、身边工友和灾区群众捐款12万元，先后资助180多名特困生。在郭明义看来，亲自帮助他人，才能真正体会到快乐和幸福。当一个个受助者走出困境，克服困难，投来感激的眼神；当一名名特困生走进课堂，努力学习，立志将来回报社会；这一切都使他感到是那么的幸福。从1979年获悉云南某地发生地震灾情后捐出身边的积蓄，到2002年成为鞍山市第一批捐献造血干细胞的志愿者，几十年来，郭明义一直在坚持乐于助人、无私奉献。以助人为乐，以奉献为荣，以做好事、献爱心为幸福，郭明义的言行诠释着他的幸福观。

（三）爱岗敬业，劳动中体验幸福

郭明义作为鞍钢矿业公司齐大山铁矿生产技术室采石场的一名公路管理员，在这个普普通通的工作岗位上，他几十年如一日地勤勤恳恳地工作着。他热爱集体，爱厂如家。从1996年担任公路管理员以来，郭明义每天提前2小时上班，在自己的工作岗位上，付出了辛勤的劳动、洒下了许多汗水，也感受到了工作带来的成就、乐趣，体验到了幸福。正像马克思所说的那样，"生产劳动给每一个人提供全面发展和表现自己全部的即体力和脑力的能力的机会，这样，生产劳动就不再是奴役人的手段，而成了解放人的手段，因此，生产劳动就从一种负担变成一种快乐。"郭明义积极投身于生产劳动，正是在这里体验到了属于自己的幸福。

二、郭明义幸福观的哲学意蕴

马克思在《关于费尔巴哈的提纲》中指出："人的本质并不是单个人所固有的抽象物。在其现实性上，它是一切社会关系的总和。"从幸福的社会性特点出发，个体的幸福应该是在自我的幸福中，让其他个体也能得到幸福。郭明义幸福观具有丰富的哲学意蕴：

（一）利己幸福与利他幸福的统一

郭明义在鞍钢工作的28年里，他在做好自己的本职工作之外，默默无私地去帮助需要帮助的人。郭明义的心里始终装着生活不如他的人，他的理想是使每一个人都生活得更好，生活得幸福！他在一本本的献血证中体验到了帮助别人的快乐，从一个个的贫困学子身上感受到了幸福的本质。郭明义在个体的爱岗敬业和助人为乐中获得自身幸福感的最大化，同时又为他人幸福指数的提升默默奉献。

诚如马克思所言，"人类的天性本来就是这样的，人们只有为同时代人的完美，为他们的幸福而工作，才能使自己也达到完美"。郭明义的幸福观是对马克思主义幸福观的继承和发展，郭明义在助人中不但是

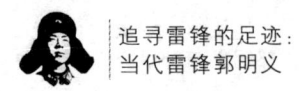

对自己人格的提升,让自己的心灵更加完满,更加愉悦,同时也是对社会的人,对别的个体的精神洗礼,是在为同时代人的完美而工作,这样的幸福观,何等高贵!

(二)自我价值与社会价值的统一

郭明义在助人为乐中体现着自身价值,也创造着社会价值。他虽然是一个普通人,然而在他平凡的工作岗位上积极助人,乐于奉献,日复一日、坚持不懈,他的幸福观具有深刻的影响力,感染着更多的人。如今在郭明义的带动下,这个囊括助学、捐血、捐助造血干细胞、无偿捐献遗体器官等各项义举的爱心团体,总人数达5800人,他们累计献血15万毫升,捐款近40万元,资助特困生1000多名。

马克思指出,"人类生存于各种社会关系之中,正是通过为他人的服务,才真正体现自身的价值"。在郭明义看来,如果说社会是个庞大复杂的机器,每个人都是其中的一个有机组成部分,那么任何一个零部件出现故障,都会影响社会的整体运行,并且直接或间接地影响他人。从这个意义上说,一个人越是希望社会美好,就越是应该为他人分忧、为社会担责,扶危济困不是分外之事,而是一个社会公民的分内之责。出于这种强烈的社会责任感,他关心集体、关心社会,以自己的实际行动积极履行自己的坚定信念,也正是在与受助者的情感互动中,他感到了关爱的力量,收获了至深的幸福。

郭明义在助人中实现了自我价值与社会价值的统一。每做一件好事,郭明义都能够感受到帮助别人所带来的精神愉悦,这是他自我价值得到体现的快乐感受,是一种成功后的价值体验,这样的快乐感受越多,他的幸福感就越高,他的自我实现的精神需要就越能得到满足,他在"助人——幸福——愉悦感受——自我实现——社会价值"的链条中为社会诠释幸福,为社会创造幸福。他在助人为乐中增加着幸福的量,同时又在构筑和谐社会的高度提升着幸福的质;不仅实践自身个人价值,同时又在多种促使别人更幸福快乐的实践中提升社会价值。

(三)合目的性与合规律性的统一

人们都追求快乐和幸福,也经常思索到底什么是幸福、怎样才能获得幸福。幸福观与价值观密不可分，因为价值观不同，每个人的理解和回答不尽相同，有人认为腰缠万贯是幸福，有人认为位高权重是幸福，有人认为逍遥自在是幸福。但是，现实生活中常常有一些人，物质财富越来越多、物质生活越来越优裕，却认为自己并不幸福，其根源就在于，失去了精神灵魂的依托，再多的物质生活享受也不是真正意义上的幸福。那些总是以金钱、权力、地位的砝码来称量自己的人，不是自轻自贱，自我否定，就是一肚子牢骚，心生嫉妒，越干越失落，越干越失衡，可能越活越不幸福。一些高官为权为钱患得患失，往往会"身在福中不知福"，陷入纠结和苦恼之中。

而郭明义却坚信奉献社会是幸福、为人民服务是幸福，助人为乐、奉献为荣就是他的幸福观。他以雷锋为榜样，生活上向低标准看齐，工作上向高标准看齐，干出责任、干出动力、干出进取心、干出一流业绩，同时收获心理平衡，心情愉悦。郭明义的幸福观体现了合目的性与合规律性的统一，既符合追求幸福的目的性，又符合追求幸福的规律性。

三、郭明义幸福观的现代价值

与改革开放之前相比，中国人的幸福观发生了根本性的改变。以现代社会幸福观的价值诉求为尺度来衡量社会现实，当代中国民众的幸福观存在着种种误区，主要表现为：重功利轻道义；重个人幸福轻社会群体幸福；重感性需要与欲求的满足轻理性精神境界的升华。在幸福观问题上的这些错误倾向，淡化了幸福观的精神崇高性和社会价值性，易于导致社会民众心境浮躁、社会责任意识淡化、价值理性迷失和人格分裂等，既影响个人的全面发展，也影响社会的和谐进步。在这样的时代背景下，郭明义幸福观具有深远的现实意义。

（一）郭明义幸福观对实现中华民族伟大复兴具有重要意义

习近平总书记在阐释"中国梦"时指出，每个人都有理想和追求，都有自己的梦想。实现中华民族伟大复兴，就是中华民族近代以来最伟大的梦想。这个梦想，凝聚了几代中国人的夙愿，体现了中华民族和中

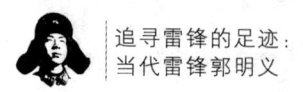

国人民的整体利益,是每一个中华儿女的共同期盼。历史告诉我们,每个人的前途命运都与国家和民族的前途命运紧密相连。国家好,民族好,大家才会好。实现中华民族伟大复兴是一项光荣而艰巨的事业,需要一代又一代中国人共同为之努力。

中华民族正是靠着这样伟大的民族精神和时代精神,不仅创造了辉煌的古代文化,而且也取得了现代化建设的辉煌成就。在这个意义上,孕育和弘扬民族精神、时代精神的过程也是中华民族创造幸福的历程。中华民族既是社会幸福的创造者,同时也是幸福成果的享有者。国家和民族发展的最终目标是实现人民的幸福,追求幸福是每个人的目的和权利,也是一个民族、国家和人类社会发展和进步的价值目标。

郭明义幸福观所体现的高尚品德,深深根植于伟大民族精神之中,是中华民族传统美德的体现;深深根植于党的优良传统之中,体现了全心全意为人民服务的根本宗旨;深深根植于改革开放和现代化建设的实践之中,体现了时代发展和社会进步的客观要求。这种幸福观是对雷锋精神的传承和发展,是社会主义核心价值体系的生动诠释,是民族精神和时代精神的有力弘扬。

郭明义幸福观科学合理地处理好社会幸福和个体幸福、精神幸福和物质幸福、创造幸福和享受幸福的关系,树立和践行了具有价值导向作用的幸福观。这样的幸福观,有助于人们深化对马克思主义的理解和认识,更好地坚持和发展马克思主义;有助于促进人们对于社会主义共同理想的认同和接受,推动社会朝着富强、民主、文明、和谐的方向前进;有助于人们更加明确民族精神和时代精神的目标指向,激发更加强大的精神动力和创造活力;最终将有助于实现中华民族伟大复兴的历史使命。

(二)郭明义幸福观对构建社会主义和谐社会具有重要意义

党的十八大报告在"全面提高公民道德素质"部分明确提出:"培育知荣辱、讲正气、作奉献、促和谐的良好风尚"。事实上,个人道德素质的提高是对幸福观内涵的增进,而当社会成员的道德水平普遍得到提升时,就能塑造一个秩序优良、风气正派的和谐社会环境,而这样的和谐社会环境既是个人实现更大幸福的保障,也是生活在这个环境中的人们能够感受、愿意感受的一种幸福体验。

作为科学合理的幸福观必然是社会意义与生活意义的统一,既可以促进良好社会风气的形成和发展,又通过良好的社会风气提高人的素质、促进人的全面发展、推动和谐社会的建设、实现人的幸福生活。如果全社会都能认同和践行郭明义的幸福观,为岗位做贡献、为社会送温暖、为他人谋幸福,就会自觉成为中华民族传统美德的传承者、社会主义道德规范的实践者、和谐社会的建设者。在构建社会主义和谐社会的进程中,不仅需要健全的制度建设,更需要良好的社会风尚,需要全体社会成员的道德自觉。通过激励更多的人爱岗敬业、乐于助人、奉献社会,推动更多郭明义式的道德楷模和雷锋传人涌现出来,我们的社会才会更加温暖、更加和谐。

郭明义来自基层、来自群众,他出生于一个普通工人家庭,党的教育培养、军队大熔炉的锤炼、雷锋精神的熏陶,使他坚定地选择了服务人民、奉献社会的人生追求。多少年来,无论环境和身份怎么变化,他一直保持朴素的作风,过着简朴的生活,始终坚持助人为乐、扶危济困,只求奉献、不求索取,像"一团火"一样温暖他人。人们从他身上感受到了一颗炽热的爱心,从对他的敬重和佩服发展为对他的效仿和追随,已经有越来越多的人加入志愿服务、奉献社会的行列中来。在郭明义身上,我们更加体会到"德不孤,必有邻"的深刻含义。在新的历史条件下更好地传承雷锋精神,在全社会大力弘扬郭明义助人为乐、奉献为荣的幸福观,引导人们正确认识幸福、追求幸福,通过奉献和付出、通过爱心和善举,在帮助他人、温暖他人中,找到真正的快乐,实现内心的充实,获得美满的人生,这样也更有助于形成人与人之间、人与社会之间的和谐,进一步构建社会主义和谐社会。

(三) 郭明义幸福观对提升社会成员的幸福指数具有重要意义

党的十八大以来,各地都在讨论如何提高"幸福指数",迈向"幸福社会"。其实,幸福指数是与幸福观紧密相连的。大力弘扬郭明义幸福观,获得全社会的普遍认同,大家像郭明义一样——干部全心全意为

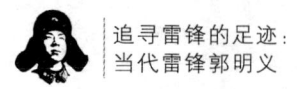
追寻雷锋的足迹：
当代雷锋郭明义

人民服务,教师尽心尽力为学生教书,医生精益求精为患者看病……人人都能"我为人人",那我们的社会自然会处处呈现出其乐融融的和谐景象,幸福指数自然会不断提升。

此外,幸福本无标准,关键在于视角与心态。对幸福的追求必须要与现实相符合,不具实际的追求就会使本来的幸福变得一无是处。幸福,往往以知足为前提,而不可硬去攀比。幸福与物质多寡不成正比。腰缠万贯的富翁未必比家境小康的农夫幸福,身居高位的显贵不见得比街头小贩幸福。这就像郭明义所说的:"我生活得很好,看到别人有大房子我高兴,有没有大房子生活高档并不代表真正意义上的幸福,我住得很好。"郭明义的幸福观,鲜明而直白地告诉我们:作为党员干部,把为群众谋利益当作自己最大的人生追求,为社会、为他人多做一些有益的事情,在诸多利益得失面前保持一颗平常心,我们的生活才是丰富多彩的,才能更多地享受到幸福和快乐。

四、郭明义幸福观的启示

(一)培养正确的幸福观,坚持正确的价值导向

郭明义的幸福观告诉我们,只有追求质朴的生活和高尚的快乐,才能够活出精彩、豁达的人生。人的价值是由物质来体现、由精神而提升的。人类之所以崇高就在于由于其具有崇高的精神,作为理性的动物,人能够根据自己的意愿和目的,设计行动的方案,主动而积极地改造自然和社会,从而实现自己的人生价值。幸福不仅包括物质享受,更包括精神生活、精神追求,而且精神生活的幸福才是更高级的幸福。"我们只有用健康高尚的精神生活指导和支配物质生活,才能真正感受到生活的意义和幸福。"

(二)培养正确的幸福观,加强个人的道德修养

中国传统儒家伦理文化特别强调道德之于幸福的重要性,提倡德福一致。这里的"德",既指个人的道德修养,也指个人行为应遵守的伦理准则。亚里士多德则把幸福与人的内心世界的完美,与人自身的道德修养和品德直接联系到一起。人们无论追求什么样的幸福,道德对幸福的获得都起着引导和规范作用。抽去了道德的根基，将会导致人们为了个人的幸福而不择手段。因此，从道德与幸福的关系来看，不断提高自身的道德修养、自觉遵守公共伦理准则，不仅是追求幸福方向上的道德指引，也是体验德福一致幸福观的人生过程。

（三）培养正确的幸福观，强化幸福观的社会价值

为了实现社会幸福，郭明义甚至不惜牺牲个人幸福，而在不断地实现社会幸福的过程中，他也真正体验到了个人幸福。个人幸福和社会幸福是辩证统一的，而且由于社会幸福代表了每个社会成员的长远的、根本的幸福，这就必然决定它是高于个人幸福的。仅仅实现了个人的幸福，这不是真正的幸福，只有在行动中践行社会公民的责任，关心他人，关爱社会，个人才能得到真正的幸福。我们必须正确认识国家的前途命运，认清自己的社会责任，自觉把自己的幸福与全社会的幸福联系起来，只有这样，才能使从追求自我幸福的狭隘情境走向追求社会幸福的高尚道路上。

（作者系辽宁经济管理干部学院思想政治教育教学部讲师）

领导干部要带头学习雷锋和郭明义

徐 毅

2013年1月7日,是"雷锋班"的第50个生日——雷锋生前所在班正式被国防部命名为"雷锋班"。2013年3月5日,是毛泽东为雷锋题词50周年的纪念日——1963年3月5日,毛泽东将对一名普通战士的缅怀与敬意,凝聚成7个字:"向雷锋同志学习",雷锋精神从此深深镌刻进了中华民族的血脉灵魂,影响了几代中国人。

辽宁是雷锋精神的发祥地,也是"当代雷锋"郭明义的家乡。郭明义同志是鞍钢集团矿业公司齐大山铁矿采场公路管理员,数十年如一日在平凡的岗位上无私奉献,被誉为新时期的道德楷模。胡锦涛总书记就学习宣传郭明义先进事迹作出重要指示:"郭明义同志是助人为乐的道德模范,是新时期学习实践雷锋精神的优秀代表。要大力宣传和弘扬郭明义同志的先进事迹和崇高品德,为构建社会主义和谐社会提供强大精神力量。"可以说郭明义同志是始终保持共产党员的先进性、全心全意为人民服务的优秀代表。在轰轰烈烈学雷锋学郭明义的活动中,各级党组织和党员干部注重以学习典型人、典型事为载体,以示范引领群众,以先进带动全体,以点带面,从而推动整体活动向前发展。面对新时期学习实践雷锋精神的优秀代表郭明义,党员干部应要充分认识肩上的责任和使命,以群众为本,心系群众,关心群众,切实帮助群众解决生产生活中的困难,切实学习郭明义精神。

一、领导干部更要带头学习雷锋和郭明义

(一)学习郭明义,就能保持先进性

保持和发展党员干部的先进性,需要我们从多方面去努力,但最重

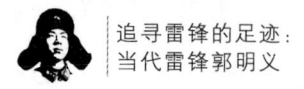

要、最根本的是坚持党的全心全意为人民服务的宗旨。榜样的力量是无穷的,郭明义的精神之所以催人奋进,最主要的一点就是他奉行党的根本宗旨。如果我们每个党员干部都能像郭明义那样为人民群众一心一意地服务,那我们党将永远立于不败之地。

(二) 学习郭明义,就能落实科学发展观

有些党员干部对贯彻落实科学发展观缺乏应有的自觉性和坚定性。科学发展观的第一要义是发展,核心是以人为本,基本要求是全面、协调、可持续,根本方法是统筹兼顾。作为一名党员干部,要像郭明义那样忠实于党和人民的事业,要像郭明义一样把人民群众的安康放在心上,要像郭明义那样从最广大人民的根本利益出发,要像郭明义那样致力于维护好、实现好、发展好最广大人民的根本利益。

(三) 郭明义精神体现的是社会主义核心价值观

党的十八大报告上指出,我们国家目前应直面"一些领域道德失范、诚信缺失"的现实,倡导富强、民主、文明、和谐,倡导自由、平等、公正、法治,倡导爱国、敬业、诚信、友善,积极培育社会主义核心价值观,明确提出"广泛开展志愿服务,推动这雷锋活动、学习宣传道德模范常态化"。而第十二届中共沈阳市委第五次全体会议又提出把"热爱祖国、孝敬父母、关爱他人"作为全市人民共同践行的最基本的道德准则,无疑是对党的十八大报告中关于社会主义核心价值体系的具体化。建设社会主义核心价值观,是全党全社会的事,但党员干部必须当先锋、做表率。郭明义既是社会主义核心价值观的坚定信仰者、忠诚捍卫者,又是社会主义核心价值观的热情传播者、模范践行者。如果我们每一名党员干部都能像郭明义那样坚持社会主义核心价值观,践行社会主义核心价值体系,我们党的面貌就将焕然一新,我们党的事业就将无往而不胜。

(四) 要实现中华民族伟大复兴就必须学习郭明义

实现中华民族伟大复兴是一个复杂的历史过程,其中建设中华民族共有的精神家园是一项重要内容,它要求在全社会形成全民族共同认同的价值体系。这就需要一批鲜活的民族典范和道德模范等先进人物,对全民族成员的行为起到引领和示范作用。郭明义作为中华民族伟大复兴历史新时期的时代先锋,他的奋发有为、锐意进取、无私奉献、乐善好施,以及所体现出来的民族自信心、民族智慧、民族勇气与民族气概,正是中华民族伟大复兴所需要的精神支柱。因此,中华民族精神家园建设需要郭明义这样的民族精神的典型和行为模范。广大党员干部要像郭明义那样具有"想国家之所想、急国家之所急"的爱国主义精神、"关心群众、服务群众"的民本理念、"关注社会、促进和谐"的和合思想以及把满腔热情投入到改革开放伟大事业中来的创新精神等。

(五)学习郭明义,才能真正反腐败

端正党风、社会风气是建设和谐社会面临的最现实最迫切的问题,反对腐败、建设廉洁政治,也是党一贯坚持的鲜明政治立场,是人民关注的重大政治问题。郭明义精神在这方面有着很强的现实针对性,领导干部要反腐败就必须学习郭明义。学习郭明义的活动,有助于引领党风、社会风气向好的方面转变。郭明义是辽宁大地成长起来的共产党员的优秀代表,他的先进事迹与崇高品德彰显着中国工人阶级的伟大品格,是新时期共产党员先进性的具体体现,也是每个共产党人面前的一面镜子、一把尺子。开展向郭明义同志学习的活动,弘扬他的精神,就是在一点一滴地做激浊扬清的工作,扎扎实实地做端正党风、净化社会风气的工作。

二、学习雷锋、郭明义活动中亟待解决的问题

(一)缺少政治学习的自觉性,理论功底浅薄

郭明义同志一贯重视理论学习,坚持用科学理论武装头脑。他虽然没发表过多少理论文章,更没出版过什么理论著作,但我们从他朴素的言行可以看出,他对马克思主义的信仰是那样的坚定,对马克思主义的立场、观点和方法又是那样的学以致用。可以说,是学习使他知识经验丰富,技术水平高超,思想道德高尚、理想信念坚定。而这些年来,相当一部分党员领导干部恰恰忽视了对理论的学习,缺少雷锋、郭明义努力学习的"钉子精神",出现"本领恐慌"。对科学发展观、社会主义

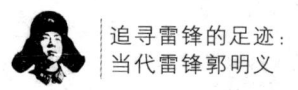
追寻雷锋的足迹：
当代雷锋郭明义

核心价值体系的学习停留在表面上、思想僵化，不能深刻掌握和理解理论的深刻内涵。在实际工作中应用马克思主义的立场、观点和方法解决问题的能力欠缺，不能很好地担负起党和人民赋予的历史责任。

（二）教育落实不到位，对自己放松要求

郭明义同志严格要求自己，他对待学习工作十分执著，对待事业十分执著。对领导干部而言，每年都有各种学习宣传、教育培训的活动，个人也都制定了相应的学习计划，目的是加强党员干部的理论修养和精神品质，但真正落实到位的不多，党员干部真正在教育和学习过程中取得收获的不多。甚至有的领导干部简单地把学习教育当做一种负担，采取应付式的学习和教育，有事就拖，或干脆不组织学习和教育。长此以往，我们的干部队伍就将走进腐败、堕落、不思进取的深渊。我们从警示教育片里面及高官落马案例中不难看出，那些犯了错误的党员领导干部，反省的第一个问题就是平时不注重理论学习，不参加组织生活，放松对自己的要求等等。

（三）理想信念不纯，不能正确对待权力、地位和利益的关系

郭明义事迹最鲜明的时代特点，就在于他始终胸怀共产主义远大理想和建设中国特色社会主义的坚定信念，并把理想信念融入到本职工作和事业追求之中。正是这种强烈的责任感和使命感，使他始终保持着炽热的工作激情，无论在什么岗位上，都像雷锋那样，干一行、爱一行、钻一行，始终求真务实、踏踏实实地做好每一件工作。一些党员干部在学雷锋学、郭明义活动的过程中出发点就有问题：走形式，走过场，责任意识不强，应付上级；把学习当做一种噱头，或是为了取得某种荣誉和利益去学习，把学习和实践活动当成是升官晋级的一个砝码，不能正确对待权力、地位和利益的关系，没有学习到郭明义精神的实质和真谛。

（四）形式主义盛行，脱离群众

郭明义同志始终不忘共产党员的神圣职责，在平凡的岗位上扎扎实实工作的。郭明义的事迹之所以震撼人的心灵，就在于他把对党的事业的忠诚内化为无私奉献的亲民之情，把为人民服务的宗旨转化为扶危济

困的爱民之心。而与郭明义形成鲜明对比的是，有的领导干部在学习雷锋学习郭明义的过程中空谈多、抓落实少，讲起来头头是道、口若悬河、无边无际，行动中却很少动真格，像郭明义一样踏实工作的少；有的领导干部在工作中缺少郭明义的钻研精神，不能深入基层调查研究，对基层情况不甚了解，指导工作缺乏针对性；有的着眼于搞花架子，严重脱离群众，做表面文章，表面上搞得轰轰烈烈；有的甚至弄虚作假，蒙蔽上级，欺骗群众，搞"政绩工程"、"形象工程"。

（五）忘记宗旨，为人民服务的思想不足

雷锋、郭明义同志是主动为他人排忧解难、从身边的小事开始践行为人民服务的宗旨的。郭明义曾说过"为人民服务是天经地义的事"这样朴实而崇高的语言。有些领导干部往往以主人自居，不关心群众疾苦，不倾听群众呼声，无视人民群众利益。有的"密切联系领导"，只求领导满意，不管群众意愿；有的对群众冷、横、硬，办事拖拉，属于自己职责范围的事情，也故意设置障碍，难为群众，官僚主义十足；有的热衷于傍"大款"，利用手中的权力为少数"大款"服务，搞权钱交易，充当他们的政治代言人，荣辱与共，甚至充当黑后台。背离了为人民服务的行为准则。

三、加强干部学习郭明义势在必行

（一）要认清学习雷锋学习郭明义的精神实质

雷锋精神、郭明义精神的实质，在于其精神包含了民族文化中的优秀成分包含着先进的价值观，同时还反映出人类共有的精神文明。郭明义精神更是一种共产主义信仰、信念、道德价值观和行为方式的集中体现或者说特定载体。共产主义信仰是对共产主义社会制度的向往、追求和信念。马克思列宁主义揭示了人类社会历史发展的规律，揭示了建立共产主义制度的美好前景。邓小平说过，为什么我们过去能在非常困难的情况下奋斗出来、战胜千难万险使革命胜利呢？就是因为我们有理想，有马克思主义信念，有共产主义信念。在战争年代，革命先烈之所以能够视死如归，就是因为他们有坚定的信仰。李大钊

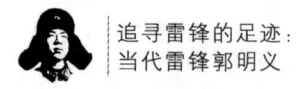
追寻雷锋的足迹：
当代雷锋郭明义

在绞刑架前坚定地说："不能因为你们绞死了我，就绞死了伟大的共产主义！"方志敏《可爱的中国》就是他信仰的宣誓："敌人只能砍下我们的头颅，决不能动摇我们的信仰！"和平年代也是如此，有了这样坚定的信仰，就会为中国特色社会主义事业奋不顾身。郭明义的先进事迹，让我们看到了共产党人的理想信念在当代工人阶级先进分子身上所产生的巨大力量！

弘扬雷锋精神和郭明义精神，就要深入开展理想信念教育，引导广大党员干部群众深刻认识中国特色社会主义道路是实现社会主义现代化和中华民族伟大复兴的必由之路，是创造自己美好生活的必由之路，自觉地将个人理想融入中国特色社会主义共同理想之中，让广大党员干部群众树立起对中国特色社会主义的信心和信念，团结和凝聚在中国特色社会主义伟大旗帜之下。

（二）要明确学习雷锋学习郭明义活动的努力方向和奋斗目标

领导干部要认识到学习雷锋和郭明义不是在"作秀"，而是要把这种精神真正贯彻于自己的日常工作和行为中，甚至是人生的全过程。古往今来，人们从来就没有停止过探索：人活着究竟是为了什么？人生的目的和意义在哪里？究竟什么是人生的幸福和快乐？郭明义很好地回答了这些问题，他的信仰是实实在在的、看得见的信仰，是自觉自愿的快乐追求。共产党人的人生应该是最快乐的人生，人生的意义在于奉献社会和他人，这样的人生最美丽！通过学习不断提升领导干部的道德境界和文明程度。

弘扬雷锋精神和郭明义精神，要求广大党员领导干部树立正确的世界观、人生观、价值观，把全心全意为人民服务作为崇高的价值目标，并自觉内化为一种人生品格，在服务人民、造福人民、奉献人民中实现自己的人生价值，推动形成"我为人人、人人为我"的良好氛围。

（三）要有正确的出发点和立足点

全心全意为人民服务是雷锋精神和郭明义精神的出发点和归宿。几十年来，郭明义和雷锋一样总是告诫自己，为人民奉献一切，"这是天经地义的，不需要任何理由"，正是有了这种对人民群众的深厚感情，他才能做出 20 年累计无偿献血 6 万多毫升，先后为"希望工程"、困难职工和灾区群众捐款 12 万多元，资助贫困生 180 多名，自己却过着清贫生活的感人之举，才能被广大群众誉为"雷锋传人"、"共产党员的时代楷模"。这种高尚的价值取向展现了一个共产党员心系群众的高尚情怀。对于广大领导干部而言，学习雷锋精神和郭明义精神的出发点，就是要抓住精神真谛，把全心全意为人民服务作为崇高的价值目标，并自觉内化为一种人生品格，要在奉献人民中实现自身价值。而不是作为考核"政绩观"、"形象观"的面子工程。

（四）领导干部带头学习雷锋学习郭明义的活动要常态化

领导干部品德修养的提升，是一个长期的过程，不能寄希望短时间把问题解决好。这就要求把雷锋和郭明义精神中的最本质的东西持久不懈地向党员领导干部灌输，而不是为了完成阶段性任务。郭明义作为时代的先锋，确是一般人不能比拟的，但既然是人，就应当有人的正常思想感情和行为。领导干部要长期不懈地努力抓住先进的本质特征，才能更好地追随先进。

从这个角度来讲，坚持学习雷锋学习郭明义的活动要常态化。首先，利用各种行之有效的渠道载体，大力宣传普及雷锋精神和郭明义精神。倡导全社会树立崇高理想和坚定信念：艰苦奋斗的创业精神、助人为乐的奉献精神、干一行爱一行的敬业精神、锐意进取的创新精神。其次就要动员广大领导干部积极响应，广泛参与。各级党组织和党员干部要立足岗位学雷锋学郭明义，把雷锋精神和郭明义精神转化为广大干部群众的精神动力和实际行动，"奉献他人，提升自己"。再次，要制定和完善领导体制和工作机制，总结推广常态化的活动项目和活动载体。要搭建参与平台，拓展活动形式，吸引群众参与和监督。制定激励措施，提供必要条件，保障基本需求，激发和保护干部群众的参与活动的热情和活力。最后，要与时俱进，结合实际不断创新，使活动富有时代气息，体现特色。可以采取与道德模范评选表彰、先进典型学习宣传相结合的方式，提升覆盖面和参与度，推动学雷锋学郭明义活动走上常态化轨道，取得实实在在的效果，让雷锋精神永驻人间。

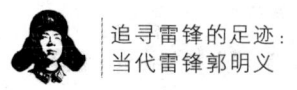

（五）心系百姓，从群众中来到群众中去

2013年是中国共产党建党92周年。92年的历史充分证明，我们党要在发展和变革中引领时代的进步，必须坚持为了人民、依靠人民，诚心诚意为人民谋利益，始终保持党同人民群众的血肉联系，才能得到人民的拥护和支持，让中国特色社会主义航船破浪前行。因此，认真向身边的榜样学习、向身边的党员代表、党员楷模学习非常必要。

改革开放前，焦裕禄同志是个楷模。他在身患肝癌的时候依旧忍着剧痛，坚持工作，被誉为"县委书记的榜样"、"人民群众的贴心人"。焦裕禄常说，"共产党员应该在群众最困难的时候，出现在群众的面前；在群众最需要帮助时候，去关心群众、帮助群众。"

改革开放后，杨善洲同志是个榜样。杨善洲同志，从事革命工作近40年，两袖清风，清廉履职，忘我工作，一心为民。退休后，主动放弃进省城安享晚年的机会，扎根大亮山，义务植树造林，且将林场无偿上缴给国家。杨善洲常说，"我是共产党员，哪能光想着自己？把自己的家庭搞得富丽堂皇，别人却还过着艰难日子，那么，我们常说的完全、彻底地为人民服务，不是成了骗人的假话吗？"

在现代化建设的新时期，又涌现出郭明义同志这样的先进代表。他想群众之所想，急群众之所急，主动帮助有困难的群众，他所做的一切都是满足人民的需要、急人民之所急的好事和善事。

我们每一个党员干部都要切切实实朝着焦裕禄、杨善洲、郭明义的境界去努力。在实际工作中，多去为老百姓做些实事，从群众中来到群众中去，无愧于党员的光荣称号。

（六）加强党风廉政建设，保持党的肌体健康

像郭明义同志那样学习实践雷锋精神，在全党牢固树立"艰苦奋斗、廉洁从政"的优良作风。无论干什么工作，无论手中有多大的权力，郭明义始终艰苦朴素、廉洁奉公，赢得了职工群众包括个体户、私营老板的由衷敬佩。雷锋精神和郭明义精神是党员干部的一面镜子、一把尺子、一个标杆。弘扬雷锋精神和郭明义精神，就要深化政风、行风建设，坚决反对拜金主义、享乐主义、极端个人主义，坚决纠正以权谋

私、见利忘义的歪风邪气，引导广大党员干部树立正确的权力观、地位观、利益观，始终把群众利益放在第一位，密切党同人民群众的血肉联系，牢记"两个务必"，模范勤政廉政，做到立身不忘做人之本、为政不移公仆之心、用权不谋一己之私，永葆共产党人的政治本色，以良好的党风政风推动形成良好的社会风气，促进社会的和谐稳定。我们每一名党员干部，都应该以郭明义同志为榜样，真正在思想上筑起拒腐防变的钢铁长城，在市场经济的条件下，耐得住清贫，耐得住寂寞，切实做到权为民所用，情为民所系，利为民所谋。因此，要加强党风廉政建设，保持党的肌体健康。党风廉政建设，是广大干部群众始终关注的重大政治问题。"物必先腐，而后虫生。"大量事实告诉我们，腐败问题越演越烈，最终必然会亡党亡国！各级党组织要旗帜鲜明地反对腐败。要更加科学有效地防治腐败。领导干部既要自觉遵守廉政准则，既严于律己，又要加强对亲属和身边工作人员的教育和约束，决不允许以权谋私，决不允许搞特权。对一切违反党纪国法的行为，都必须严惩不贷，决不能手软。

在革命建设和改革的不同历史时期，辽宁人民始终胸怀大局，无私奉献，为共和国的繁荣昌盛出物资、出人才，更出精神。在辽沈大地上，为共产主义事业舍小家为大家、舍局部为整体的无私奉献精神，已经成为一种地域文化、一种地域精神、一种历久弥新的社会氛围。无数像雷锋、郭明义这样的普通群众和党员干部时刻听从党和人民的召唤，以强烈的主人翁精神，在各条战线上忘我劳动、艰苦创业，为新中国的巩固和壮大奉献智慧和力量。我们深切体会到，郭明义同志的精神品质生动诠释了社会主义核心价值观，是雷锋精神在当代的生动体现。我们坚信，在雷锋精神和郭明义精神的感召下，广大党员干部必将爱岗敬业、乐于奉献、坚守责任、精益求精，刻苦钻研、学以致用，脚踏实地、埋头苦干，努力创造出无愧于历史、无愧于时代、无愧于人民、无愧于职责的新业绩。

（作者系辽宁经济管理干部学院思想政治教育教学部讲师）

共产党员要践行郭明义的奉献精神

杨建浩　相聪姗　贾云贺

一、郭明义奉献精神人人仰慕

郭明义被誉为"雷锋传人",他是助人为乐的道德模范,是新时期学习并实践雷锋精神的优秀代表。郭明义精神既是"鞍钢精神"、"辽宁精神",更是当代雷锋精神的生动写照和传承。郭明义精神的实质就是助人为乐、爱岗敬业、无私奉献,这种全心全意为人民服务的奉献精神是社会主义核心价值体系的重要精神动力,也是构建和谐社会的强大精神力量。

30多年来,郭明义同志一直仰望"雷锋"这座精神丰碑,不断从无私奉献的宝库中吸取动力与支持,高举大义的火把,把坚守与人生价值的体现相结合,以助人为快乐之本、以奉献为人生使命,全心全意为人民服务,把一个共产党人的崇高使命彰显得无比光彩。他的先进事迹广为传唱,在全社会引起强烈反响,胡锦涛总书记为此作出重要指示,称赞郭明义同志是助人为乐的道德模范,是新时期学习实践雷锋精神的优秀代表,号召大力宣传和弘扬他的先进事迹和崇高品德,为构建社会主义和谐社会提供强大精神力量。

郭明义是爱岗敬业的先锋。矿山是他的根,他对矿山的爱已经渗透到骨子里,无法自拔。在鞍山钢铁集团公司最艰苦的工作环境中,郭明义一干就是16年。这16年里,从来没有什么可以阻挡他坚定而匆忙的步履,义务奉献的工作日已经近1900个,相当于多干了5年的工作量。他爱岗敬业的崇高精神秉承了中国工人阶级的伟大情操和高尚品格,体现了科学发展大背景下对人们思想境界的时代要求。

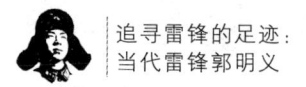

追寻雷锋的足迹：
当代雷锋郭明义

郭明义是助人为乐的楷模。奉献是他的幸福源泉，16年来从未间断对失学儿童和受灾群众的资助，20年累计55次无偿献血，15年风雨无阻每天提前2小时上班，这些都是人们早已经熟知的数字，数字每天都在变化，他的善行一直在延续和传递。迄今为止，郭明义爱心团队已有60余支分队，遍布全国14个省份，吸纳6万余名志愿者，社会公德、职业道德、家庭道德、家庭美德、个人品德五大德行建设深度推进，拓展了精神文明建设新内容，他赋予雷锋精神新的时代内涵，不愧为助人为乐的新楷模。

郭明义是艰苦奋斗的标兵。他一心干活、一心做好事，工作岗位越干越基层，但心态却越来越豁达。他说，能够在一线工作说明自己干得好。自始至终，郭明义都做到了坚定理想信念、艰苦奋斗、勤政廉政，密切党同人民群众的血肉联系，他是"两个务必"精神的实践典范，是艰苦奋斗的标兵。

郭明义是勤于奉献的典范。他以构建和谐社会为己任，以和谐理念，营造和谐氛围、建设和谐文化、树立和谐榜样，他用爱心和义举传递雷锋精神，不骄不躁，把有限的生命投入到无限的为人民服务中，反映了当代构建和谐社会的价值追求，培育了和谐社会新风尚。

作为社会一员，郭明义至善忘我；作为共产党员，郭明义忠诚无私；作为普通工人，郭明义爱岗敬业。郭明义以纯粹的大义精神生动诠释了当代共产党人的优秀品质。90多年党的奋斗历程，锻造了共产党人忠诚、奉献、创新、服务的优秀品质。郭明义就是千千万万优秀共产党人的杰出代表，是群众眼中信得过、靠得住、叫得响的模范共产党员。

二、建设美丽中国，共产党员必须践行郭明义奉献精神

共产党员是推动党的事业发展的中坚力量，郭明义精神彰显了当代共产党人应有的精神境界和人格魅力，谱写了共产党员先进性的时代篇章。学习和弘扬郭明义的奉献精神，对强化党员队伍建设和推动党的事业有重要的指导作用和现实意义。

(一) 学习郭明义，人生讲奉献，是共产党员践行党的宗旨的具体体现

坚定信念，不懈奉献，是共产党员对党的宗旨忠实践行的体现。胡锦涛同志深刻指出，党员、干部的道德修养，不仅关系他们的个人品行，而且关系党的整体形象。郭明义始终牢记共产党员的神圣使命和责任，坚定地选择了服务人民、奉献社会的人生追求。他说："作为一个共产党员，为党、为国家和人民的事业奉献自己的一切，这是天经地义的"。在他身上，理想信念不是玄奥的理论和空洞的口号，而是践行党的宗旨的具体行动。他数十年如一日地为实现共产党人的理想追求不懈努力，展现了在新的历史条件下共产党员为党和人民的利益无私奉献的精神风貌，体现了政治上的先进性与思想道德纯洁高尚的高度统一，体现了对信仰坚定和追求的执著。

"人生的苦恼，不在于拥有太少，而在于欲望太多"，这句朴素话语道出了郭明义的人生信条。郭明义把平凡做成伟大、把细小化作崇高，自动践行社会主义核心价值体系、践行党的宗旨，始终以人民利益为重，真情服务人民群众，永葆共产党员的政治本色。这种人格和道德力量是中国共产党先进性的具体表现，更是党感召群众、赢得民心，不断巩固和扩大党长期执政、执好政的阶级基础和群众基础，是党赢得改革开放考验、市场经济考验、长期执政考验和外部环境考验，团结和带领人民推进事业发展的重要保障。

(二) 学习郭明义，工作讲奉献，是领导干部社会责任感的行为体现

奉献精神来源于强烈的社会责任感。一个人，不论是普通农民、工人、教师，还是各条战线的共产党员，都要有具有奉献精神的源泉和动力的社会责任感。对党和人民的事业尽职尽责，是我们党的优良传统，是对每个共产党员特别是各级党员领导干部提出的最高要求，只有真正讲奉献，才能为民多办实事、常做好事，才能以老百姓的意愿为价值判断标准，以老百姓的利益为行动准则，每一个合格的共产党员都应该向郭明义学习，忠于党的事业，急群众所急，忧群众所忧，无论在什么岗

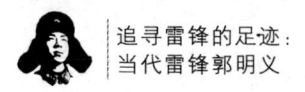

位上都兢兢业业，把工作当事业，把职责当使命，热爱自己的工作，奉献自己的岗位，吃苦在前，享乐在后。一个有社会责任感的干部就应该具备为他人奉献和牺牲的精神才能在工作中尽心尽力，才能把群众的所思所想记在心间，才能更好地立足本职工作，讲奉献，讲付出。

（三）学习郭明义，岗位建功业，是共产党员实现"中国梦"的时代要求

中国共产党发展的历史，就是一部为中国人民谋幸福、实现中华民族伟大复兴而不懈奋斗的历史。党的十一届三中全会以来，我们党找到了建设中国特色社会主义这一实现中华民族大复兴的正确道路，全面推进中国特色社会主义伟大事业，取得了举世瞩目的成就。

实现中华民族伟大复兴，是一个复杂的历史过程。在这个过程中，我们不但要搞好物质文明建设，还要搞好精神文明建设；不但要努力提高中华民族的科学文化素质，还要不断提高中华民族的思想道德素质；不但要在经济、科技、国防等"硬实力"方面创造我们曾经有过的辉煌，还要在民族精神、思想文化等"软实力"方面找回我们曾经有过的尊严；不但要面向世界，广泛吸收人类共同创造的优秀文化成果，还要弘扬中华文化、建设中华民族共有的精神家园。成就梦想，唯有实干，实现中华民族的伟大复兴，需要大家共同努力，脚踏实地、一步一个脚印走下去，只要每个人可以立足实际、爱岗敬业、做好本职工作，就一定会实现中华民族的伟大复兴。郭明义说："让全世界的人能高看中国工人一眼，是我最大的幸福。"这句话，是他的高度觉悟和职业追求的生动写照。开创中国特色社会主义事业新局面，推进各项建设和事业科学发展，必须大力倡导郭明义这种爱岗敬业、高度负责的社会主义职业道德，引导人民群众像郭明义那样立足本职创先争优、踏踏实实干事创业，在为社会作出贡献中赢得荣誉和尊重。

三、部分共产党员奉献意识淡薄的原因分析

（一）权力价值观偏离，公仆意识淡薄

一名共产党员特别是党员领导干部的价值观，直接影响和支配着他

的行为及其对领导活动的方向性选择，影响着领导行为绩效及其持久性的价值定位。共产党员的权利价值观结构应是为实现执政为民基本价值服务的，其功能错位就会引起严重的思想问题，权利价值观偏离最明显的是部分领导干部忘记自身存在的群众基础，忘记自身的公仆身份，忘记为人民服务的基本价值追求。

随着社会主义市场经济的发展，党员队伍中屡屡出现公仆意识缺失的现象：

1. 人民与公仆的整个关系错位。少数党员干部思想中官本位的封建色彩越来越浓厚，一些党政机关工作人员对群众工作态度粗暴，工作方式简单，"门难进、脸难看、话难听、事难办"的情况还多有存在。

2. 全心全意为人民服务的宗旨淡化，存在着对上不对下的思想，工作的出发点不是"民生"，而是"自身"，只要于自己"前途"和"钱途"有利，就不管群众的困难和问题，对群众需求应付了事。

3. 淡化国家、集体观念，个人主义思想膨胀。某些党员领导干部借口发展市场经济应当充分发挥个人作用，离开集体和社会抽象宣扬"个人本位"，为了一己之利不惜损害国家、集体和他人利益。

4. 淡化了艰苦奋斗精神，存在享乐主义思想。目前情况下，某些干部在思想状态、精神状态、工作状态上缺乏忧患意识，贪图安逸，畏惧艰苦，不思进取。可以说，公仆精神的缺失和淡化是领导干部道德问题中最根本和最关键的，并且权利价值观偏离轨道是公仆意识淡薄的根本原因。

（二）名利观、价值观错位，奉献意识缺失

党的干部无论职位高低，其自身价值必须体现在甘于奉献、淡泊名利中，党员干部应当"先天下之忧而忧，后天下之乐而乐"，党和人民的利益高于一切，矢志不渝。树立正确的名利观，是领导干部建功立业、不断进步的前提和基础，是真正为人民服务的必要条件。在现实社会中，有些人特别是领导干部的价值观错位现象屡见不鲜，他们把人生价值定位在享乐、权力、金钱中，名利价值观的错位导致奉献精神的缺失，奉献精神的缺失加深了领导干部名利价值观错位，这种作用与反作

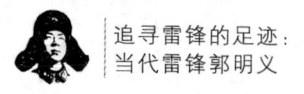
追寻雷锋的足迹：
当代雷锋郭明义

用的关系反映了当下党员干部思想建设中存在的重要问题。

（三）自律意识缺乏，于人于己双重标准

廉政自律是对每一名党员干部的基本要求，也是我们党强化自身建设、克服消极因素的关键，具有较强的自律意识可以使党的干部自觉抵御不良思想意识的侵蚀，抵御金钱、美色和各种腐朽生活方式的诱惑，成为遵纪守法、爱党护国的楷模。

在党员干部思想道德建设推进过程中，一些党员干部政治上理想信念淡化、服务宗旨淡化、党性观念淡化，思想上安于现状、不思进取、利己为先，工作作风上主观武断、作风官僚、纪律散漫，生活作风上精神空虚、道德滑坡、生活堕落，言行举止失范、表现庸俗。当下，避免党员干部的自律意识缺失已经成为党员干部思想建设中首要关注的大事，避免党员干部的自律意识缺失是巩固执政党地位的需要、是构建社会主义和谐社会的需要、是提升领导干部的形象和领导能力需要。种种情况表明党的干部必须具备自律意识，至上而下、对公对私、于己于民都要怀揣感恩之心、秉承奉献精神，为百姓服务，为社会服务，为共产主义建设服务，彻底杜绝信仰危机与理想缺失、金钱至上与极端个人主义抬头、道德评价与道德自律背离等现象和问题的出现。

四、共产党员践行郭明义精神的途径分析

奉献是一种爱，是对自己事业不求回报的爱和全身心的付出；奉献是不计报酬的给予，是"有一分热发一分光"；奉献是满怀感情地为他人付出，是不计回报的无偿服务。奉献者付出的是青春，是汗水，是无私的爱心，是无价的生命。因为有人奉献，社会才会不断进步，人类才会不断前进，而奉献者收获的则是一种宝贵的幸福感和崇高的情感，是全社会的尊敬和爱戴，是生命的延长和接续。

老子曰："水，善利万物而不争。"一名合格共产党员，既然选择了党组织，就必须时刻牢记党的宗旨，履行党员义务，奉献正是党员干部的本分，在新的历史时期，党员干部必须做好带头作用，把奉献铭刻在骨子深处，时刻践行"三个代表"重要思想和科学发展观。

（一）学习郭明义奉献精神，强化宗旨使命意识

90多年来，中国共产党砥砺前行，肩负历史所赋予的使命，不断成就伟业。加强党性修养和党的宗旨意识教育，始终是我们党保持先进性的重要法宝。在党的十八大报告中，胡锦涛总书记强调："面对新的历史条件和考验，面对人民的信托和重托，全体党员干部必须增强忧患意识、创新意识、宗旨意识、使命意识，始终保持共产党员的政治本色。"党的十八大在我国进入全面建成小康社会决定性阶段，第一次鲜明地提出"使命意识"，就是要提醒全党，时刻牢记党的崇高使命，永葆政治本色。

郭明义同志始终牢记党章要求，坚持党和人民的利益高于一切，全心全意为人民服务，忠实履行党员职责和义务，模范发挥党员先锋带头作用，他的先进事迹和崇高品德，恰恰彰显了党的宗旨意识。党的宗旨意识，又是郭明义保持本色的动力源泉。全体党员干部要学习郭明义奉献精神，增强宗旨使命意识，要把人民群众利益作为谋划发展的根本依据，切实做到权为民所用、情为民所系、利为民所谋；要牢固树立接受群众监督的意识，以诚恳的态度接受群众的批评监督，努力改正工作中的缺点和错误，不断完善和提升自己，使自己的言行更加符合共产党员的标准和要求；要诚心诚意为群众办实事、解难题，想群众之所想、急群众之所急、帮群众之所需，把群众当作自己的贴心人，始终同人民群众同呼吸、共命运、心连心。

（二）践行郭明义奉献精神，深化党员干部自律意识

郭明义的一生是平凡而又伟大的。他在平凡的生活工作中，把自己对祖国的爱、对社会的爱、对人民的爱，在人生的历程中尽情地表达和抒发出来，郭明义的一言一行中都饱含"奉献精神"的力量，他在道德与正义、公德与私欲、社会与文明中找到支点，以自己炽热的爱心、在平凡的工作里、在时代的发展中，奉献出自己能够想到以及能够做到的爱心，为社会做点事情，为这个社会的文明与发展留下一条有价值有意义的人生轨迹，也为所有党员特别是党员干部加强自律意识、奉献人民群众树立了学习榜样。

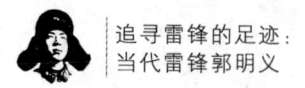
追寻雷锋的足迹：
当代雷锋郭明义

深化党员干部自律意识是加强党风廉政建设、有效预防腐败的客观要求，是新形势下保持党的纯洁性的迫切要求。领导干部的自律工作具有动态性、长期性、复杂性、艰巨性特点，主要应该从以下几个方面着手：

1. 在坚定理想信念上下工夫，把增强自律意识建立在树立共产主义远大理想上。崇高的理想、坚定的信念历来是推动党和人民事业前进的力量源泉。从主观上说，放松世界观的改造，背弃理想信念，思想蜕化变质，是一些人堕落为腐败分子的根本原因。领导干部要增强自律意识，必须坚定理想信念，特别是要解决好"信、知、行"的问题。"信"就是要坚信马克思列宁主义、毛泽东思想、邓小平理论和"三个代表"重要思想是我们立党立国的根本指导思想，是我们一切工作的行动指南，坚信共产党的正确领导是历史的必然选择。"知"就是必须在思想上理论上真正弄清为什么中国只能走社会主义道路而不能走资本主义道路或回到封建社会。"行"就是要带头按照"三个代表"重要思想和科学发展观的要求建设好党的组织，进一步增强政治意识、大局意识、责任意识，在大是大非面前保持清醒头脑，与党中央保持高度一致。领导干部只有做到上述"信、知、行"，进一步增强自律意识，才能坚定不移地走中国特色社会主义道路。

2. 在勤于学习上下工夫，把增强自律意识建立在加强道德修养上。加强道德修养是拒腐防变的基础性工作。切实加强广大党员干部的道德修养，可以为党风廉政建设和反腐败工作奠定重要基础。党员的政治坚定性和立场的稳定性需要通过勤于学习和刻苦磨炼才能形成。要通过学习，切实提高理论修养和思想觉悟，在不断改造世界观、人生观、价值观中提高领导水平和思想境界，自觉抵制各种错误思潮和腐朽思想的影响与侵蚀，自觉加强道德修养，模范践行以"八荣八耻"为主要内容的社会主义荣辱观。

（三）弘扬奉献正能量，营造社会和谐新氛围

大力弘扬郭明义爱岗敬业精神，激发科学发展新动力的正能量。郭明义秉承中国工人阶级的伟大品格和优良传统，体现了科学发展主题对

人们思想境界的时代要求。广大领导干部群众如果都以郭明义为榜样,立足岗位建功业、干好本职做贡献,积极争做科学发展的排头兵,必将形成"聚精会神搞建设、一心一意谋发展"的浓厚氛围,推动科学发展迈出新步伐。

大力弘扬郭明义助人为乐精神,拓展精神文明建设新内容。郭明义助人为乐精神,赋予雷锋精神新的时代内涵,丰富了精神文明建设的实践活动。广大领导干部如果以郭明义为榜样,大力倡导团结友善、助人为乐、扶危济困等道德规范,推进社会公德、产业道德、家庭美德和个人品德建设,必将大大提升社会文明程度。

大力弘扬郭明义艰苦奋斗精神,树立党的先进性建设新标杆。郭明义艰苦奋斗精神,展现了党的先进性的本质要求。广大领导干部如果以郭明义为榜样,牢记党的宗旨,坚定理想信念,艰苦奋斗、勤政廉政,积极践行执政为民的理念,密切党同人民群众的血肉联系,必将深度促进党的先进性建设,巩固党执政的群众基础和社会基础。

郭明义奉献社会精神的大力弘扬,培育了和谐社会新风尚。郭明义奉献社会精神,回应了人民群众美好生活的新期待,反映了构建和谐社会的价值追求。广大领导干部群众要在党的十八大精神指引下,以郭明义为榜样,以构建和谐社会为己任,正确认识和处理个人与他人、个人与集体、个人与社会、个人与国家之间的关系,树立和谐理念,营造和谐氛围,建设和谐文化,争做和谐表率,努力促成"我为人人、人人为我"的社会风尚,社会主义建设的宏伟目标必将早日实现。

(作者系辽宁经济管理干部学院工商管理系教师)